金融投资理财

货币 **Ⅱ**
MONEY

从货币看懂中国经济和世界经济

《货币》纪录片主创团队◎著

中信出版社 · CHINA **CITIC** PRESS · 北京 ·

图书在版编目（CIP）数据

货币II：从货币看懂中国经济和世界经济/《货币》纪录片主创团队著.—北京：中信出版社，2012.10
ISBN 978-7-5086-3484-5

I.①货… II.①货… III.①货币史－世界 IV.①F821.9

中国版本图书馆CIP数据核字（2012）第187849号

货币II：从货币看懂中国经济和世界经济

著　　者：《货币》纪录片主创团队
策划推广：中信出版社（China CITIC Press）
出版发行：中信出版集团股份有限公司
　　　　　（北京市朝阳区惠新东街甲4号富盛大厦2座　邮编　100029）
　　　　　（CITIC Publishing Group）
承　印　者：北京通州皇家印刷厂

开　　本：787mm×1092mm　1/16　　　印　张：16.25　　　字　数：125千字
版　　次：2012年10月第1版　　　　　印　次：2012年10月第1次印刷
广告经营许可证：京朝工商广字第8087号
书　　号：ISBN 978-7-5086-3484-5 /F・2703
定　　价：59.00元

MONEY

目录 MONEY

上篇 打开货币之门

下篇 **端详世界格局**

MONEY

打开货币之门

01

「货币
发行权必须有
法律来约束」

吴敬琏

经济学家

欧盟需要统一的财政和政府

　　欧元区不是一个主权国家，但是却使用同一种货币。因为各个国家发展水平不一样，没有一个统一的政府，也不可能有统一的财政，在使用统一货币的情况下，各个国家之间的矛盾就会变得越来越激化。理论上，如果几个国家使用同一种货币，就会发生一种超发的竞赛。因为货币存在周期性，信用货币的价值在发行货币以后才能够获得，所以不同的国家都会利用这种机制，通过货币的超发来获得利益。这样就会导致债务积累，金融体系也会发生问题。

　　未来的方向是从货币联盟走向加强财政纪律，甚至要走向统一政府，这样才能够解决货币体系存在的问题。中国的经验也是这样，过去采用两极宏观调控，中国人民银行分行与行政体系衔接，结果它就受到当地政府的影响，造成了像20世纪80年代和90年代中期的货币超发和通货膨胀的现象。1994年改革以后，由两极货币政策调控改成一级货币政策调控，即由中国人民银行总行调控，把中国人民银行分行与行政体系分开，这样就避免了货币政策受到地方政府的扭曲。

国家之间当然会有矛盾。但是，一个大市场带来的利益和一个地区或一个民族的利益之间到底应该怎么权衡呢？比如 2012 年希腊大选之前，就有很多不同的观点，一种观点认为由于希腊人对于欧盟要求希腊紧缩财政极其反感，甚至举行游行示威，结果一定会是希腊退出欧盟。但是去实地调查的一些中国经济学家问希腊街头示威的人，会不会接受希腊退出欧盟，他们给出的回答是，和退出欧盟相比较，继续留在欧盟对希腊和希腊人民的生活更有利。后来选举的结果表明他们也作出了这样的选择。虽然欧盟在前进的道路上还有很多困难，可希望仍在。即使有个别国家退出，但只要保持欧盟的主体部分待在一个大市场里面，就能维持经济的发展，而且有理性的人都会作出这种选择。一旦作出这种选择，就一定要做到财政上的统一，甚至是政治上的统一，否则欧元这个货币体系将很难维持。

货币在本质上是交易的中介

人们普遍认为货币是交易的中介。在货币产生以前，商品的交换是物物交换，成本非常高。于是，人们就将自己的物品卖掉，换成大家都认可的交换中介，再用这种中介购买所需要的其他物品，这样货币就产生了。有了这个中介物，交易的成本就能够降低。所以通常来讲，货币有三个职能：第一，它是价值的尺度，也叫作记账的单位；第二，它是交换的媒介；第三，它是价值储存的手段。

最早的货币是金属货币，而金属本身有价值，所以马克思把它叫作一般等价物。由于贵金属携带很不方便，所以后来就由国家来铸造货币。但铸币易磨损，所以为了让人相信政府的铸币是具有价值的，与是否磨损完全没有关系，就把它演化成纸币。纸币由国家的信用来保证币值，所以叫信用货币。人们只要相信这张纸代表了价值，它就完全能够充当交易中介的职能和货币的职能。信用货币是货币发展最高阶段的产物，它由法律规定、由政府的信用保证其价值，是一种最方便的货币工具。

但它本身的问题在于，政府的行为往往不是很理性，发行货币就等于征税。因为老百姓相信它能够保值，所以就可以用一张纸去换取老百姓的财富，那么就等于征税，我们把这种税叫作铸币税。有了纸币这个工具，政府往往会滥用，不管是出于什么目的，战争、加强国力或是其他原因，这就有可能引发某些严重的问题。

货币发行的权力如何才不会被滥用？

物价上涨，容易造成通货膨胀。为了避免货币发行权被滥用，首先要保证中央银行的独立性。也就是说，要保证货币的发行者中央银行，不受政府的各种影响，保持货币币值的稳定，中央银行就需要有独立性。但是在不同的国家，中央银行独立性的差别还很大。"二战"以后，看起来最具有独立性的应该是德国央行。德国因为"一战"以后发生过非常严重的通货膨胀，所以教训最深刻，因此德意志联邦银行具有最大的独立性，货币政策也掌握得最好。而有些国家的中央银行往往受到政府财政部门的很大影响，甚至是直接的控制。所以，要在法律上保证中央银行的独立性：要有严格的法律规定，要求中央银行对于保持币值的稳定负责，而且它要有独立决定货币政策的权力。

货币体系、金融体系是资源配置中最精巧、最复杂的部分，它像魔术棒一样，作用非常大。所以，一方面应该由市场来配置资源。对于货币的发行，对于它的高级形态——银行资本市场的市场化程度和价格决定权，要有非常严格的规定，要防止权力在资源配置包括货币配置中干预市场的作用。另一方面，市场的运作必须有规则。规则的制定和执法，又是由政府来进行的，所以市场和政府之间的关系要有很严格的规定，使整个市场和政府的运作都在法律的控制之下。

世界货币必须是币值稳定的货币

世界金融体系或者货币体系的最大问题就是，世界货币，也叫国际储备货币、国际结算货币，是一个由主权国家发行的货币——美元。在原来的布雷顿森林体系中，所有货币都跟美元挂钩，美元跟黄金挂钩。但是自从这个体系崩溃后，美元就跟黄金脱钩了，一个主权国家发行的货币就直接变成了世界货币。这是目前一个最大的问题。如何解决呢？一个办法就是对美元的发行实行国际性的控制，但这看起来很难做到。另外一个办法就是，使国际储备货币多元化。原来人们对于欧元寄予很大的希望，除了美元之外，欧元扮演很重要的角色。甚至有人在 20 世纪 80 年代，对日元寄予很大希望。如果欧元、日元能够参与进来，将使国际储备货币多元化。但现在看来欧元的设计与欧元区的政治制度不匹配，所以并不是一个很稳定的货币。日元在 1990 年发生金融危机以后，也很难再充当一个很稳定的国际储备货币的角色。

至于人民币，应该逐渐向这个方向努力。不但对中国，对世界都有益处，而且中国现在的经济力量能够对人民充当国际储备货币起到辅助作用。但短时期内人民币能够跟美元平起平坐，甚至变成比美元更重要的国际货币储备还不现实，还需要今后不断的努力。

一个国家的货币能不能充当国际货币的职能，首先取决于这个国家的经济实力和它的金融体系的健康程度。因此从短期看，扮演国际货币的角色可能要付出一些代价。比如，必须保持非常强的稳定性，只有这样，才能够保证整个国际体系的稳定，才能对本国经济起到很好的作用。

在一个全球化的世界，没有一个很稳定的货币作为国际货币，全球化的经济体系很难运转。比如美元的不稳定现在就造成了很大的问题。

政府拥有税收的权力，但必须在法律之下

政府对于税收的权力应该受到法律的限制。有关税收的最早的法律是 1215 年英国的《自由大宪章》，它是贵族和国王之间就限制国王的权力所达成的一个

协议。国王的权力如果被贵族认为是侵犯了贵族应有的权力，贵族就可以采取措施对国王进行弹劾。

国王的权力中有一个很重要的部分，就是征税权。所以《自由大宪章》从1215年以后就不断被国王抛弃，经过斗争又重新恢复，一直到1688年以后才正式确立了"国王在宪法之下"的制度。

在现代国家里，以美国为例，它不管是货币的发行还是征税、借债，都要在议会的规定范围内才可以进行。在我国则由人民代表大会决定。建立法治国家，政府要依法行政，但近年来由于有一些立法不够具体，导致在法律的执行上出现了问题，这就是今后改革的任务。比如目前人民代表大会对于预算的监督比较粗略，预算的透明度和审核都还需要进一步具体化。

货币对经济和人类文明有着举足轻重的作用

货币是价值的尺度、交换的中介和存储的手段，所以货币在市场经济中扮演着非常重要的角色，它代表了全社会的所有财富。如果能够把货币配置好，就意味着整个资源配置达到了一个较高的水平。而银行则在持有多余货币的人和手中货币短缺的人之间，通过配置使得货币发挥更有效的作用，所以银行体系也非常重要。

如果没有银行体系，那么每个企业只能用自己拥有的财富做生意，而另外一些人手中多余的财富又不得不闲置，不能发挥作用。货币的作用不只限于经济领域，它在文化发展的历程中也起到了举足轻重的作用。比如美第奇家族，他们在文艺复兴时期推动了欧洲文化的发展和繁荣。

　　每一个人都要认识到货币的作用，了解它在人类文明发展过程中，不只在经济方面，在物质文明和精神文明的发展方面都起到了重要的作用。现代金融体系确实存在一些问题需要解决，需要所有人不断努力。

02

「市场

经济只有在严格的
法制基础上才能健
康发展」

资中筠

著名学者

约翰·洛克与他的权力制约思想

约翰·洛克的思想奠定了现代国家代议制民主的基础。他既是哲学家，又是教育家，还学过自然科学，所以他是典型的文艺复兴时代的全才。他的著作《政府论》奠定了现代政治学的基础。

美国的政治制度受洛克的影响非常大，虽然洛克是英国人，但是他的思想在美国体现得更彻底。在美国制定宪法、成立美利坚合众国的过程中，洛克的思想被当作根本原则。纳税人是主体，政府统治者则不是。纳税人花钱让政府办事，所以无代表不纳税。当时美国还受英王的统治，英国君主带有传统的专制观念，他们认为制定一个征税的制度，纳税人就必须纳税。美国公民没有话语权，都在被动地接受赋税，所以美国人最后揭竿而起，决定通过斗争争取自己应有的权利。

洛克的设计包含两权分立的概念，他认为立法和执行要分权。现在美国是三权分立，即行政、司法和立法分权。

英国勋爵阿克顿曾说过，权力导致腐败，绝对的权力就要产生绝对的腐败。如果权力不受限制，每一个人拥有一定权力之后就都会有滥用权力的冲动，这是人固有的弱点，不能够指望好人政治。选一个道德特别高尚的人，指望他可以不滥用权力的，这是不可能的。

什么政府可以倒闭，什么政府不可以？

中国人对于国家的概念，首先认为国家就是根，生于斯长于斯，祖祖辈辈都在这，这就是我的国家，相当于英文中的"country"。它只是一个乡土的概念，不是政治上国家的概念。国家的第二个概念，即英文"nation"，是按民族来划分，但在美国很少有这样的国家概念。在美国，国家就是一部宪法，用宪法来治国，所以用"state"表示国家政治统治的概念。于是，就会有这样一种情况——如果说爱国，到底"国"指什么？如果我非常爱我的乡土，我的祖祖辈辈都生长在这个地方，我对一草一木都有感情，那么这就可以称得上爱国。还有一个说法，爱国不等于爱政府。政府本身就是选出来为人民服务的，如果人民觉得哪个政府领导人不好，就不再投他的票，让他不能再尸位素餐，这样的制度使得这些人不会永远占据政府的角色。

此外，如果各种权力已经分散，大家各司其职，政府存在与否就没有很大关系。比利时就有一段时间都没有政府，那里的人们照样安居乐业，所以有时政府存不存在关系不大。但是像美国政府却非常重要，是因为它的对外义务太繁杂，它要"领导"全世界，什么事都要管。所以美国政府从前是弱势政府，"二战"以后就变成了强势政府。总的来说，一个民主国家的政府本身应该处于弱势，即使一段时间政府缺席都没有多大关系，这才是一个健康的国家。这其实也就是所谓的小政府大社会。

市场经济既需要法律也需要自制精神

在市场经济条件下，法律的地位尤其重要，尤其是金融方面的法律。从根本上讲这是为了保护私有财产。在产出越来越多的时候，你的财产靠什么来保护？财产不管是以货币方式出现，或以房产的方式出现，都需要得到保护。比如在一个正常的法治国家，政府是没有权力可以随时剥夺个人财产的，而这需要法律来保证。还比如互相之间做生意，在中国过去常常是靠口头信誉，但是在一个发达的工业社会，人们的经济来往如此复杂的情况下，仅靠熟人的信誉是绝对不可能的。而且在竞争激烈的情况下，大家都追求利润最大化，如果没有一个刚性的约束，每一个人都会有不择手段来使得自己的利益最大化的冲动。所以，如果没有法律的约束，经济就不可能正常运转。

在一个成熟的市场经济社会，或者在越来越复杂的社会关系和越来越高级的工业化社会，只能靠非常细致、完备和刚性的法律来约束每一个人的行为。而且这个法律要受到大多数人的拥护，因为如果大家都按章法行事，对大家都有好处。所以法律孤立地看对人有约束作用，但是从整体看它能保障每一个人的自由，所以法律非常重要。而且法律是在政府和政府官员之上的，也就是说，法律必须是刚性的。

英国的《五月花号契约》体现的不仅仅是法律，还有自制精神。一群人自愿地组织起来，不需要国王，自己管自己，离开英国来到美国，建立了一个自制体。这种自制精神贯穿在契约里，每个人都参与讨论，一旦大家同意了，都必须执行。当然，这和英国自《自由大宪章》以来沿袭的传统也不无关系。《自由大宪章》最重要的精神就是制约君主的权力。君王在法律之下，通过议会和法律来限制国王的权力。但是贯彻这个精神并不容易，后来国王不愿意继续受约束，所以要经过不懈地努力，甚至流血牺牲，才能够最终贯彻。

教育、法律、医疗与教育不应该资本化

医疗、新闻、法律、教育不应该资本化。正如索罗斯所说，教育、法律、新闻、医疗不应该进入资本市场，因为索罗斯认为这些都属于人的基本权利，不可以拿到市场上交换。教育属于人的基本权利这一点并不是索罗斯首先提出的，更早时候，比如卡内基、洛克菲勒，已经认识到这一点了。他们最主张在机会平等的基础上竞争。公平竞争的前提下，一个人要是发财了，那说明他的能力强、聪明、勤奋；一个人要是受穷了，那只能表明不够努力或资质平平。

英国人乘着五月花号来到美国，就是为了寻找人人平等的机会，但是后来有两件事情造成了不平等现象，由此机会也就不平等了。一个是教育不平等现

象。对于第二代移民，有的人受到了很好的教育，但有的人因为家里太穷，没有机会受到很好的教育，这样就产生了不平等的现象。还有一个是医疗状况不平等。人的健康程度如果不一样，竞争机会就会有失公允，如一个病人跟一个健康人就很难竞争。所以要平等地竞争必须要有平等的教育条件和平等的健康医疗，在这种情况下这两个方面就变成了人的基本权利，也就不属于资本化的范围。后来索罗斯又提出法律和新闻不应该资本化。他认为律师现在的收入如此之高，本身就不对。因为这样会使得在法律面前不能人人平等——有人打得起官司，有人打不起官司，所以现在有很多法律援助、政府指定律师之类的补救办法。除此之外，不能资本化的还有新闻。索罗斯不赞成用广告来养新闻，他认为新闻应该是一个福利事业，属于公益性质，大家都应该投钱来发展新闻事业。

当然，这些很难做到。对于美国这样的国家，它特别相信人和人的能力有差别，因此它觉得产生贫富差距不应该是个问题，只要竞争的条件是公平的。但是在竞争条件不公平的情况下，贫富差距就成了问题。把医疗、新闻、法律、教育放到市场上去自生自灭，在美国被认为是不符合人的基本权利的。人有四大基本权利，即信仰、言论、出版、结社，在现代社会，很多国家又增加了教育和医疗两项。

中国的教育产业化导致目前教育公平的缺失，从这种意义上讲，是政策的严重失误。现在中国大学和研究机构的课题制本身就是把学术和教育货币化，这是一件很糟糕的事情。现在教授的评审机制也出了大问题，它的标准不是看教授的教书水平以及学生的评价，而是发表了多少文章，而这本身也是用课题来控制的。所以这就等于将学术货币化。

鼓励创新的制度是美国经济的一大引擎

很多人对美元抱有比较大的信心，对美国经济发展持乐观态度。主要有几个原因，创新是其中之一，另外法制和纠错机制也是非常重要的因素。美国的创新一直走在世界前面，因为它有一个专利权制度：一个发明创造变成产品，从实验室到工厂的过程比其他国家都短得多。而且，一旦出现法律问题，纠错的可能性比其他国家更大。

科技本身不等同于生产力，它必须要应用到工厂才能够变成生产力，所以，从实验室到工厂的转化过程显得尤为重要。相较美国而言，欧洲有些国家的官僚程序比较多，所以创新方面的竞争力较差。

另外，美国的教育制度也在鼓励创新，鼓励个性的发展。它尊重每一个儿童个性化的发展过程，它的教育本身也是按照这样的理念来开展的：所有的孩子都是天才，只要你让他尽情地发展下去，按照他的想法去做，每一个孩子都可以变成非常优秀的人。这种教育理念旨在让人充分地发挥自己的想象力和创造力。而中国现在的教育在鼓励创新和个性发展方面还做得不够好。

欧盟的成立是人类历史上的创举

欧洲的文艺复兴，从思想上来讲，对人类的贡献非常大。几乎所有的新思想都出现在欧洲，尽管有一些没有在那里实现，却在美国或其他地方实现了。比如，洛克的民主政府思想，实际上是在美国最完整地实现的，但根源却在欧洲。欧洲确实是一个出思想的地方。

欧洲本来有很多民族，它们之间打来打去，打到后来基本上融合得差不多，于是就基本上以民族划分国家边界。不同的民族争斗到一定程度之后，又有了实现欧洲大联盟的理想，这个理想在雨果的时代就已经很向往了。欧盟代表的是欧洲人几百年的一个希望——向往永久和平的世界。但是，他们实现的关键是德法之间的世仇得到化解，而这两个国家恰恰是欧盟的真正核心。

成立欧盟还有一个条件是各国经济发展水平相差不大。要是细分起来，欧洲每一个国家的经济发展水平都不一样，但是总的来说，应该在同一个发展阶段。此外，观念、思想、信仰或者价值观等方面，基本上也趋于一致。在此基础上才有可能成立一个像欧盟这样的大联盟。当然这个联盟的建立也不是一帆风顺，经历了几十年的讨价还价，要解决的问题牵涉方方面面，大到经济发展水平的差别，小到个人的工资、福利水平。

欧盟的成立无论如何都是一个重要的探索，有很多经验教训供后人参考，至少从此以后欧洲不会再有战争。从人类政治制度的发展历史来看，这也是一个创举。虽然欧元区可能会有倒退或者其他问题，但成立欧盟这个观念是不会倒退回原始状态的。

03

「货币

给了我们更多的
自由和选择」

陈志武

美国耶鲁大学金融学教授

货币到底给人类社会带来了什么变化?

货币是一个永久的话题。但是尽管如此,到今天特别是在中国,货币经常被误解,也在很大程度上被妖魔化。在我看来,货币就像任何东西一样,有好的一面,也有不好的一面。但是从整个人类历史的进程来看,如果没有货币的出现,没有近代世界货币化的发展——不只是西方国家,也包括中国——人们今天所能够感受到的现代化,不管是现代生活方式还是个人自由空间,都是不可能发生的。所以简单来讲,我们每一个人每天都在跟货币打交道,货币对人类整个文明的发展,起到非常关键的基础作用。

货币给了我们每个人更多的自由和选择,而不是像原来传统的中国社会或者传统的非洲社会,选择非常有限。在传统社会,货币总量可能并不多。比如在美国,200 年以前,即 1800 年前后,整个美国社会的美元供应量大概是 280 万美元左右。而在今天,很多中国人的个人财富可能就有几百万美元,等于 200 多年以前美国全社会的货币流通总量。这怎么可能? 其实那个时候的美国社会,货币化程度很低，人们对货币的需求也非常小。其中非常关键的原因就是，那时候人们的生活自给自足的程度非常高。吃的是自己农场里出产的粮食，住的是自己盖的房子，出门骑马就可以。而且当时美国的农村人口占美国总人口的95%，他们的吃住行几乎都是自给自足的。

在风险保障方面，当时的美国社会在总体上是靠亲情、友情的网络，相互提供一些非货币化的利益，以及安身立命、生老病残等方面的保障。结果就是，那个时候的货币化程度很低，甚至于没有货币。在这样的社会里，人们的自由度非常低。因为一个人的人情财富、亲情财富都跟亲戚、朋友这些具体的人捆绑在一起，一旦离开这个家族，离开这个宗族，可能什么财富都没有了，这就从根本上限制了每一个人可以远行出走、自由生活、自由谋生的空间，这是一个方面的原因。另外，基于亲情、友情等血缘关系网络的人情财富、亲情财富并不是没有条件的，也不是没有代价的，条件和代价就是要遵守三纲五常。三纲五常将每一个人固化在一个具体的社会位置上，它必须靠抑制个人自由来实现。所以从这个意义上来说，今天全球货币化的程度越来越深化，从本质上来说给个人自由和选择空间的不断扩大，提供了非常重要的经济基础。没有这种经济基础，个人自由就不可能实现。

在当今的中国，人们对于人际关系和社会关系越来越货币化感觉很不舒服。每一个人都为了赚钱而去赚钱，为了有更多的货币财富，工作也很勤奋。但这只是一个表面现象，货币本身只是一个符号，一种记账单位和财富的载体，它本身并不一定是我们所需要的。换句话说，与其去指责货币化，或者货币作为价值的计算单位、计算形式和计算载体，还不如说人在本性上就有控制欲和占有欲，希望占有尽可能多的物质生活用品和非生活用品，比如权力等。

货币化进程的路还很长

如果把货币的发展比作一个人，那么他现在还处于青年阶段，我们的生活中还有很多东西没有被货币化。比如在中国，人们对于出差的时候是选择住酒店还是住到朋友家这方面的意愿发生了很大变化。30 年以前可能大多数人一出差先要找到自己的朋友，住在朋友家，但是现在越来越多的人可能更喜欢住酒店，但还是有相当比例的中国人更偏向住朋友家里。这说明人与人之间，尤其是情感领域，还有很多东西到目前为止没有被货币化，或者说可以被货币化，但是社会价值体系无法支持。现在有很多学者，尤其是人类学者在继续研究，看看哪些东西到今天还无法货币化，研究到最后发现情感领域很难被完全货币化。一些人类学者和社会学家做过一些实验，他们推出一种人情货币，然后让不同的人通过提供帮助，在某一个记账体系上，挣得或支付货币。

即便如此，根据我们自己生活的感觉和经历可以看出来，人们之间的互相帮助、互相交流要完全货币化，仍然任重道远。

当然，按照今天人们的经历和价值体系来看，我们可能会不希望把情感领域的人与人之间的关系货币化。但是我们应带有一种更开放的心态看待未来。变化是不断在发生的，200 年以前的人可能理解不了现代人的生活，同样，200 年以后的生活，我们今天可能也无法理解。

真正的民主法治政府必然是穷政府

对于如何通过国债制约政府权力，发生在美国和一些欧盟国家的债务危机是一个很好的例子，也是一个正在进行的故事。从这个故事里我们看到，随着美国国会、参众两院跟白宫达成协议——美国国债上限上调，以及之后一个星期内标准普尔把美国国债的信用等级下调了一级，在接下来的一个星期或更长时间内，美国股市和整个金融市场的波动将非常大。表面上很多投资者损失惨重，当然也有一些人从中获利，但实际上更重要的是资本市场、金融市场的大幅振荡，是一种给美国政府施加压力的方式。金融市场、股票市场的下跌，会影响整个美国经济，以及美国消费者对未来的信心，这样就更有可能逼着美国的参众两院的民主党、共和党议员，督促政府作出一些牺牲，从而可能把美国的国债余额和财政赤字降到一个更能够长久持续的水平。

最经典的例子是美国通用汽车公司。该公司的工人在过去很多年对管理层的提议，即缩减公司工人的待遇和福利，一直不予通过，因为通用公司的工会实在特别强大。但在2008年年底至2009年年初的金融危机中，通用汽车公司不得不面对关门的前景。这时，通用的工人最终同意了福利方面的缩减，这使得公司最后能够存活下来。今天回过头看，美国政府就像通用公司一样，如果不通过资本市场震荡的方式，来关闭美国政府的话，那么美国财政赤字和国债余额的问题永远都无法解决。

《金融的逻辑》一书中谈到了这样的观点：第一，真正的民主法治政府，必然是穷政府，经常会有财政赤字，所以会一直持有国债；第二，出现财政赤字的政府经常要发债融资，所以它们必然看重资本市场对政府公信度的评判。换句话说，如果一个国家的政府本身非常富有，财政剩余也很多，那么这个政府怎么可能在乎资本市场、金融市场对政府政策的评价？这就是为什么越富有的政府、财政盈余越多的政府，往往是权力不断扩张的政府，而越穷的政府才会让它的权力接受制约，尤其是接受资本市场、金融市场的制约。因此，穷政府加国债是现代民主法治国家的核心基础。

能够借到钱的政府信用都比较好

如果通过多印钞票来缓解政府的财政压力，就等于把政府的财政负担、债务负担转移到社会的方方面面，即不同的社会群体上；加税也等同于在很短的时间内，用政府的财政赤字将不同的社会群体压倒。这两种方式都非常不可取，都会导致社会动乱、革命，甚至改朝换代。

负债的政府往往更具生命力，而不欠债的政府其发展却受到限制，主要原因包括以下几个方面：第一，能够借到钱的政府往往信用比较好；第二，为了能够借到钱而保持良好的信用度，政府在权力扩张方面必须有所收敛，必须不断地去发展更好的规则、更好的制度；第三，西方国家在过去几百年一直都在发行国债，这些国家在制度建设上、在资本市场的发展方面，远远比中国、印度、埃及、伊拉克等传统的国家更发达。过去负债很多的那些国家反而成了今天的发达国家，而过去国库充足的国家，今天却是发展中国家。

英国在 1688 年光荣革命以后，于 1694 年成立了英格兰银行，现代意义上的第一家中央银行。但是最初成立英格兰银行主要是为了支持英国政府发国债。

1688 年光荣革命以后，英国王权受到了根本性的制约。英国的王室接受了一个非常重要的条款，就是从那以后，如果要加税，必须通过议会投票通过才可以。从此以后，资本市场对于英国政府的信用评价更高，所以让英国能够借到更多钱。

人民币升值对中国经济有多大影响？

如果把不同的货币当成不同的商品，那么任意两种货币之间的比值，就叫作汇率。实际上在中国历史上，尽管对于汇率的命名、说法不一样，但是它一直都存在。明朝采用银本位货币制度时，由于各个地方银钱成色很不一样，所以那个时候钱庄的一个主要任务，就是把不同地方的银子、银钱进行兑换，让到南京来做生意的长沙商人，可以将从长沙带过来的银子、银钱，换成南京当地的商人和老百姓接受的银钱。所以，当时的钱庄起到一个将不同地区的银子、银钱进行兑换的作用。当时，两个不同地区的银钱、银钱和铜钱、铜钱和铁钱的比价每天都在变化，所以中国的汇率市场，至少有 2 000 年的历史。

尽管一般来说，汇率有两种，即浮动汇率和固定汇率，但其实各国央行都会对汇率有所干预，只是干预程度不同。即使是大家认为完全由自由市场的买卖两方决定的汇率，比如日元兑美元、日元兑欧元的汇率，实际上也经常受到日本央行、欧洲央行还有美联储的干预。人民币兑美元、人民币兑欧元的汇率，表面上看来完全由中国央行控制，但实际情况也不完全是。现在每天人民币兑美元的汇率会有一定的波动区间，尽管在相当程度上还是由中国人民银行来决定，但是多多少少也会考虑到当天的人民币的供求关系，根据需求与供给的变化，决定当天的人民币汇率。

在过去几年，不管是媒体还是专家都喜欢用日本同美国签署的《广场协议》来作为理由，说明人民币不能够快速升值，或者人民币汇率不能够升值太多。如果升值太多的话，看看日本的前车之鉴——签署《广场协议》以后因为日元的快速升值，给日本经济带来严重冲击。但是我们在理解《广场协议》对日本的影响时，必须把 20 世纪 80 年代末到 20 世纪 90 年代以后快速崛起的中国制造业考虑在内，我们不能忽视中国制造业的快速崛起，给以工业、制造业为经济核心产业的日本经济带来的挑战与冲击。可能中国制造业的崛起比日元的升值，对日本经济造成的冲击更大。

战胜通货膨胀的三种方法

对于一般老百姓来说，买实物资产是应对通胀的最好方式，因为通胀从根本原因来看是一个货币现象，如果没有流动性过剩，只可能会出现局部的或单个商品价格的上涨，但不会出现通货膨胀。

可能还有一个普遍观念，认为一个国家在快速发展之后，通货膨胀是必然发生的一个现象。真的是这样吗？

　　一般而言，一个国家的经济经历了快速发展以后，表面上都会普遍出现价格上涨、通货膨胀这样的结果，但事实上其背后的成因可能比较复杂。因为经济快速增长以后，社会的财富可能普遍地增加，尤其是货币财富会普遍增加，由此会带动流动性的增加。反之，当经济不发达的时候，整个社会可能普遍地表现为缺乏金钱，也正因为如此，在经济不太发达的社会中很多物质财富往往没有被货币化。

　　那么，在经济快速发展了以后，整个社会原来没有被货币化的很多实物财富现在被货币化了，整个社会的流动性也增加了很多。但是，当货币供应总量的增长程度比实际财富增长的程度高很多的时候，必然会导致物价普遍上涨，引发通货膨胀。

　　为了避免经济高速发展带来通货膨胀，首先就要减少流动性的增长，具体有以下几种做法。第一，提高利率，若资金的成本增加，必然导致流动性的需求减少，相应地，流动性的供给也会减少。第二，上调商业银行的存款准备金率。这是近年中国央行用得比较多的一个做法。尽管它的行政色彩很浓，带来的经济结构性扭曲会更大，但是也可以达到流动性减少、通货膨胀压力减小的效果。第三，央行发售更多的长期债券，然后以这种方式把在市场上流通的货币收回来。

欧盟不会瓦解，它需要更大的经济权力

　　欧盟作为人类社会发展历程中一个非常重要的里程碑，瓦解的可能性不大。

很多人担忧欧元会崩盘，欧盟会瓦解，但其实出现这种结局的概率并不高。因为对于德国、法国以及其他主要的欧盟国家来说，有统一的欧元的好处远远比没有统一货币的好处更多。而且现在的事实是，希腊政府、企业银行发行的债券已经渗透到德国、法国、意大利，以及很多其他国家，所以这个时候想要让任意一国，如希腊，退出来非常难。

另一方面，也必须看到当一些国家要基于同一个货币成立经济体的时候，如果与此同时对于各个国家的财政主权、经济主权没有太多约束的话，这两者会带来非常大的矛盾和冲突。比如，一个国家出现财政危机，如果这个财政危机足够严重的话，就可以把整个欧盟的经济和资本市场、金融市场，甚至全球的金融市场都拖下水。所以，在后果和主动权完全不匹配的前提下，我们才会看到如今的希腊债务危机，还有潜在的意大利国债危机。

接下来，欧盟应该努力让各个国家在财政大权、经济权方面作出更多的让步，这样可以让欧盟整个经济体有更大的权力去约束、干预其成员国的财政政策和经济政策。

应该以货币化、市场化的方式来规范社会秩序

人类社会的资源配置既可以基于掠夺来实现，也可以通过货币交易来实现。之所以货币交易是更好、更可取的方式，是因为货币交易完全是基于双方的自愿选择与权利平等，而不是基于一方的强势。货币交易给人类社会带来了和平。

虽然在中国宋代交子的发行权集中在政府手里，在四川和全国其他地方出现了一段时间的货币繁荣，也促进了当时的经济发展，但由于当时皇权不受制约，在有财政需要的时候，皇权会通过滥发货币给自己的统治提供支持。直到现代民主法制出现了以后，货币发行权才集中受中央政府或联邦政府控制。

中国社会对商人的抵制从根本上还是来自于儒家思想的支撑。春秋战国时期，儒家主张以义来规范人与人之间的关系、规范社会结构，而不是以市场化、货币化的方式来规范人际关系、组建社会秩序。

市场化、货币化的要求是亲兄弟明算账，什么东西都要先有一个价格，然后交易双方都可以通过追求利润的最大化来达到资源配置以及人与人之间互相帮助的目的。即使到今天，在中国社会的主流文化中，利还是被打压，货币化也还是被排斥。

中国社会对商人的抵制还来源于利益之争。即使到今天也很难说货币化在中国社会已经被广泛地接受了，这就造成商人在中国社会中的地位仍旧低下，仍旧被排斥。

实际上西方也有长达2 000多年的利益之争。基督教对货币的鄙视跟儒家非常类似，基督教也主张以友情、亲情来规范社会秩序，来组建人与人之间的利益互助和互换。

然而，中西方社会的主要差别就在于，西方社会在文艺复兴时期特别是16世纪的新教改革中，逐渐正面接受了货币化交易。但中国即使到今天仍没有走出对义的迷信。

货币的本质是信用

货币的本质是信用，为什么交子这种纸值很多钱，而其他的纸一文不值，根本差别就在于交子的背后有信用。如果没有信用，货币滥发会导致所有纸币变得一文不值。

货币化是指所有东西都可以用货币进行计价、定价、交易、结算。货币化的一个意义在于，它必然会使人类社会更加平等、更加自由。任何人拿到相同数目的钱，所拥有的购买力都是一样的。

在计划经济时期，整个中国经济和社会的货币化程度非常低，一个工程师拿 100 块钱和一个农民拿 100 块钱所能够买到的东西是存在差别的。随着中国经济货币化程度的提高，不管你的身份是什么，你是否有行政级别，最后享受的东西是一样的，不依赖身份、出身、社会地位来决定钱的价值。

很多人不喜欢货币化，不喜欢什么都用钱来衡量。但我们必须知道，若不以货币的方式衡量，就一定会代以其他方式，这样的话，就不会出现不平等、不公平的现象。

不管喜欢也好，不喜欢也罢，人类社会的货币化进程不会在今天、100 年以后或者 1000 年以后终止。恰恰相反，人类社会的货币化程度只会越来越深化和广化。

究其原因，这跟人对自由的本能追求是紧密相连的。如果人际关系、人与人之间的交易不能够通过货币化来完成，那么这对人的自由兑换空间的扩大必然会起到更多的抑制作用。正因为人天性向往自由、追求自由，所以货币化的深化和广化发展，必然会对人类社会的发展起到积极的作用。

货币的本质是信用，而信用本身就是一种承诺，是一种价值的保证。信用到底有价值还是没有价值，从根本上依赖一个国家或社会所处的法制环境，这就是为什么没有现代民主法制，就不太可能有货币化的长久信用。

货币化包括所有债券化、资本化金融产品的交易和运作。而金融工具是一种法律意义上的承诺和保障，这些承诺也可以一文不值，关键在于这些信用产品的背后是不是有可靠法律的支撑。所以独立的司法、可靠的法制、现代民主和权利的制约，是现代金融市场、信用体系必备的基础条件。

权利是否应该货币化？

权利的货币化不是货币化本身的问题，更多是由于权利不受制约甚至失控。我们指责权利货币化的时候必须知道，权利是不是能够货币化，要不要限制其货币化，不是货币化本身的问题。我们应更多考虑通过民主法律的发展来规范权利、约束权力，而不是一味地指责货币化。

权利货币化本身不一定是个坏事，关键是权利进行了什么样的货币化。我们可以看到权利货币化有好坏之分。好的权利货币化指政府应用征税权为公共产品找到税收的来源，给社会提供公共产品和服务等；而坏的权利货币化指的是公权私用，利用公权特别是不受制约的公权为执政者谋私利。

要在现代民主法制体系中找到解决的方案，这样才可以正确引导权利的货币化，而不是在坏的货币化道路上越走越远。

04

「国际」

国际

货币体系
的未来

巴曙松
国务院发展研究中心研究员

欧元区是区域金融整合的一个有勇气的探索

　　欧元区包括欧盟的成立都是区域金融整合的一个很有勇气的探索，直接推动力就是欧洲固有的历史，它是从战争的鲜血里作出的反思。欧洲经济过去整合得不够，所以导致战争非常频繁，对经济社会发展的冲击非常大。通过适当的整合来形成一个有竞争力的经济体，对每一个参与者都是有利的，所以这是一个很有勇气的探索。从经济角度来讲，支持它的很重要的一个理论是所谓的最适货币区理论。按照该理论，欧元区是一个比较适度的货币区，整合之后对每个成员国的发展都有利。从国家环境来看，当时以美国为代表的新型经济体的崛起，使欧洲的重要性在不断地降低。所以，通过货币上的整合，而不是原来的以个体单独去与美元竞争，可以产生更具有影响力的货币。

　　比如对于较强的经济体德国、法国，欧盟的成立为它们开拓了一个交易成本更低的大市场。而对于一些较弱的经济体，它们能够通过市场的整合在很多方面获得便利。如果单独在国际市场上发展，以其自身的信用和货币信用，交易成本会很高。但是在一个统一的欧元区之下，它们就可以以更低的成本筹集资金发展本国的经济。当然这也是目前欧元本身产生问题的一个导火索，即这些相对弱势的国家如果缺乏约束的话，它们会大量举债。原来的借债成本很高，现在成本有所降低，它们的负债率就会显著增加。这样就埋下了今天欧洲主权债务危机的隐患。

从统一的诉求来看，欧盟或者欧元区的整合，不可能像美国、中国这样的大国统一的诉求强。但欧洲的信仰差异不大，文化传统差异也不很明显，这就减轻了整合的难度。当然，经济上的整合带来的好处是欧洲统一的主要动因，但其文化上的相似性也是推动它能够走到今天的很重要的原因。欧盟目前的问题总体上还是发展中的问题，这也是事先预想到的，比如发展不平衡会威胁到欧元的稳定，但它毕竟是人类货币史上前所未有的一个探索，碰到这样那样的问题也很正常。

央行的独立性一定程度上解决了围绕货币的权力之争

现在的经济依托着整个金融体系、货币体系、金融市场在运作，所以金融体系的起伏直接影响到实体经济。在金融界有一句玩笑话，被"货币"这两个字欺骗的人比被"爱情"这两个字欺骗的人要多得多。比如，在金融市场作投资，包括企业经营等，其业绩的好和坏，可能往往被归结为经营得好和坏，但其实在很大程度上，货币是一个很重要的推动力量。

如果把整个经济体比作一辆汽车，那么经济运行要通过各种指标来显现，通过仪表盘上的速度、耗油量、温度等。货币政策就是其中的一个调控系统，它能够调整经济运行的速度，在遇到上坡的时候加一些油，在经济跑快的时候适当地减速。所以货币政策就是一系列调控的目标或工具。像加息、减息、利率、汇率、准备金这些工具，是一揽子的调控系统。说到货币政策的引入还是离不开凯恩斯。如果经济自身的金融体系能实现自我平衡，就不用去干预它，就不需要货币政策这样一个人为的调控系统。但凯恩斯认为，经济很难靠自己的力量达到平衡，或者像车子一样能够匀速平稳地运行。路况在变，车况也在变，这需要一个调控者来及时地进行调整，使它恢复到一个平衡状态。所以，凯恩斯是在引入宏观政策特别是货币政策方面的一个有代表性的学者。

货币政策与央行有着莫大的关系，围绕货币的发行权展开的权力之争已经有很长的历史了，斗争的结果之一就是独立的中央银行的出现。央行的独立性，是发达的经济体在遇到经济发展的挫折之后经过反思提出来的。"一战"、"二战"时期，一些恶性通胀最后归结原因，就是央行缺乏独立性。通过比较世界上各个国家经济发展的历史发现，从长期的情况来看，拥有独立央行的国家，其物价水平、币值的稳定性、经济发展的情况，普遍要比没有独立央行的国家强很多。这之后又兴起了很多理论研究，比如政治周期理论，指在每轮选举之前政治家总是希望有政策刺激一下经济，以利于自己的当选。

那么，要怎样刺激经济发展呢？财政支出和财政收入总是有约束的，不可能无限地扩张，所以最直接的办法就是通过货币政策大量发行货币。而这往往就牺牲了物价的稳定。当下，为了应对美国的次贷危机和欧洲主权债务危机，主要发达经济体的央行都不同程度地采取了注入流动性的措施。可以说，这样做就是为了应对危机，对短期内经济的稳定起到一定的作用。但有一派却很坚定地认为，这样做最终肯定要付出通胀的代价。因为在应对危机这一点上央行的确发挥了作用，但是在很多方面其实也有意无意地迎合了这些政治家的诉求。

因为各种恶性的通货膨胀、金融危机的发生，大家都开始关心央行的独立性，所以开始有一些界定。比如，什么叫央行的独立性？所谓央行独立性，一个是目标独立，一个就是它的程序或者决策的相对独立。目标如何独立？重点就是跟财政开支的相对隔离。不能用发钞票去填财政的缺口，这一点现在主要的经济体都基本达到了，比如在中国，《中国人民银行法》就严格禁止通过央行的货币发行去支持财政开支。所以，在目标上基本体现了央行的独立性。在决策的独立上，就是指在主要的政策决策的制定上得相对独立，比如汇率的决定、货币信贷投放的目标等。当然，也有一些人对央行的独立性持批评态度，主要观点是，财政政策、货币政策是调控宏观经济的两大宏观政策，如果货币政策独立，如何保证它和财政政策的配合能够协调？但是总体来看，保持央行的独立性有利于维持货币的稳定和一个国家经济的中长期发展，这在各国的货币实践中都已经被反复证明了。

币值稳定关乎个人、企业和国家的利益

央行就是为稳定货币而生的，因为它具有发行货币的职能。货币具有支付手段、交换媒介、融资载体的功能，最后一种功能也可以称为购买力的暂时储

藏所。如果币值不稳定，对居民来说，购买力出现波动，相当于在经济生活里被抢劫了。大家比较关注的是每天新闻媒体报道的持刀或持枪抢劫案，其实世界上绝大部分抢劫行为都不是用刀枪来作案的，而是用笔来进行的。如果货币的发行量超出经济的实际需求，导致币值不稳定，实际上就形成了对货币购买力的侵蚀。美国现在广受诟病，原因就在于美国只考虑自己的利益，完全不考虑全球范围内持有美元的其他国家、个人、金融机构的利益。大量的货币发行，其实是在利用全球其他地区持有美元的人群的利益来稀释危机带来的成本。实际上这是一个危机转嫁机制。

曾经有一篇研究报告说，在货币发行波动比较大的时期，币值不稳定，交易者就会自觉地找一些更稳定的标地，比如参照当时的黄金价格。所以，稳定的币值会使得交易更容易进行。比如，大家都非常关注香港的汇率制度——联系汇率制，它的波幅就很小。依照常理，一个高度开放的经济体汇率的波动应该更灵活，以调节这个经济体的经济变化。那香港为什么坚持用这样一种汇率制度呢？一个很重要的原因就是使交易更容易进行。现在持有港币，一年、两年之后还是同样一个汇率水平。从更宏观的国家经济运行层面来看，如果币值不稳定，就容易导致资源的错配，把货币分配到一些没有效率的领域，结果给整个经济运行带来很大的成本。所以央行是为稳定货币而生的。实际上央行本身也是一个主要的货币发行的闸门，它要为自己生产的产品承担质量责任。货币的稳定，是评价央行的一个主要标志。

顺应经济周期的规律做好资产配置

通货膨胀和通货紧缩这样的经济周期的起伏，跟天气的变化一样很难避免。曾经有一个研究人员同一个大国的央行行长进行讨论，研究人员评价这位央行行长的调控很有成效，通胀压力减轻，经济增长速度也比较快，问央行行长能不能做得再好一点儿，把通货膨胀消除掉。央行行长回答说不行，理由是人性使然，即乐观是不断传递的，传递导致投资消费的扩张，进而物价压力上升；悲观也是不断传递的，本来可能欧洲经济危机已经触底了，但大家觉得还会更坏，进而物价可能会不断下降，这是一个起伏的过程。

所以应该正视物价的起伏，它就是一个规律，我们要接受它。在不同的阶段，安置好自己的资产，其实很多大的投资机会、经营机遇都是在这样的起伏里。

所以我们说，无论通货膨胀也好，通货紧缩也好，经济周期的起伏其实带来的是个人资产配置的转换。在通货膨胀时期，对债权人有利，对手里有资产的人有利；在物价下跌的通货紧缩时期，对债务人有利，应该持有更多现金。在金融研究上有一个所谓的投资时钟，它指在不同的阶段，一个人应持有什么样的资产，像一个时钟一样周而复始。经济开始复苏时，尽管上市公司的盈利状况还没有明显好转，但是大家看到了好转的迹象，这个时候表现最好的应该是股票。等到经济热起来的时候，通货膨胀的压力也开始出现了，表现为对一些大的商品、资源的需求。经济过热之后，政府踩刹车，政策从紧，经济开始收缩和回落。紧缩后通胀压力减小了，经济还在回落，政府在这个时候可能还会采取适当宽松的政策来防止经济回落过快。这个时候持有债券比较好。这些是从美国和欧洲资本市场三四十年的周期性变化中得出的结论。从复苏、经济起步、通胀压力大到过热、紧缩、回落，这些不同的阶段就像四季的变化一样，我们要做的就是顺应它的变化规律，配置好自己的资产。

一国货币成为世界货币的必要条件

国际货币和国内货币相比，适用范围更广泛，使用人群也更广泛。这就要求作为价值临时储藏所的国际货币要保持稳定。其次要可信，持有货币的人要可以及时、准确、透明地掌握货币的相关信息，对货币决策人有足够的信心。此外，还要有文化上的认同感和软实力。有很多研究货币的专家指出，日本在经济最强盛的时候，已经符合教科书上说的货币国际化的条件，经济实力够强，出口额高，对外投资也很多，也为国际化作了很多努力。但由于它在亚洲发动了不正义的战争，就使得亚洲很多国家和人民对它有抵触情绪。所以要成为世界货币，不但要靠本国金融市场的发展、金融决策体系的健全，还需要金融货币文化被更广泛地认可、传播和接受。

以美元为例，美元取代英镑成为国际货币，两个关键事件发挥了作用。一个就是在争论国际货币体系何去何从时，美国提出了怀特计划，即依托黄金（当时美国几乎支配了全世界 70%~80% 的黄金）确立了美元在全球货币体系中的地位。而当时英国的影响力在不断下降，尽管它提出了凯恩斯计划，但是在争论过程中，怀特计划获胜，凯恩斯计划没有得到采纳。这是美元成为国际货币的标志性事件之一。另外一个标志性的事件就是，"二战"之后美国提出的援助欧洲的马歇尔计划。借助马歇尔计划，每年大量的美元流入欧洲参与欧洲重建，美元的影响力显著提升。所以，如果说怀特计划确立了美元制度上的地位，马歇尔计划就是实质性地完成了美元替代英镑成为世界货币的转变。

货币的未来是什么样子？

目前的国际货币体系基本上是"二战"以后确立下来的格局。然而现在，全球经济已经发生了显著的变化：新型经济体的崛起，全球化的推进，金融市场的长足发展，金融创新的发展，这些使得既有的国际货币体系的架构在很大程度上已经不太适应目前的环境了。如何在现有的架构里体现新兴市场的声音，就成为一个问题。尤其，一些经济发达国家近年先后出现了金融危机，表明现有的架构，已不适应全球化市场。但是，目前改革的目标和方向似乎还不是太明朗，这是目前金融动荡的一个很重要的原因。

比如，很多欧洲小国，它们的国内生产总值和国际影响力还不如中国的广东省，结果它所占的投票权的比重比中国还多很多，那肯定是不合理的。因此，如何顺应金融市场全球化的新趋势，以及未来网络的发展可能带来的金融新形势，都是国际货币体系今后调整要考虑的因素。无论货币会演变成什么样子，未来货币发展的大方向肯定是有利于经济的运行，有利于日常更加便捷的使用，更加切合我们的需要。

「05

货币

是金融社会的
阳光、空气和水」

王巍
中国金融博物馆理事长

欧元的出现是一件非常了不起的事

　　欧元区各个国家由于经济发展不平衡，导致每个国家都希望自己可以主导本国经济，甚至出现了欧元崩盘的可能性。看到欧元的今天就会想起2 000年前中国的春秋战国时代，当时七八个国家使用不同的货币，在秦朝统一货币之前各国也曾尝试共同融通汇兑，然而它们讨论很久仍然徒劳无果。秦始皇当政第一件事就是废除各地的货币，用强制手段来推行"秦五铢"，不久"秦五铢"也遭遇了崩盘，后来由汉朝形成更强大的货币，完成了货币的统一。

　　从这段历史来看，今天的货币跟当年是一样的，最终还是要靠政府的强制力来推行。政府更倾向于通过货币这种工具来控制整个经济总量和它的流动性，即货币价值的问题。

　　今天，欧盟应允许新兴国家的货币加入全球货币体系，打破目前的对标两元结构，即美元和欧元的对标。这样可以共同再造一个新的全球货币体系。

　　不可否认的是，由于欧元区国家对自己本国货币的放弃，使欧元得以出现，这是非常了不起的事。

10 年前，美国经济经过上一轮衰退之后出现了强劲增长，出现了大规模的全球并购风，几乎都是美国公司主导，包括波音与麦道合并，奔驰与克莱斯勒合并等。这无疑增加了与欧洲竞争的砝码。

而欧元的出现，则大大提升了欧洲经济一体化的进程，形成了能与美国抗衡的独立的经济板块。同时，欧元也大大降低了欧元区各国交易成本，是一次欧洲大陆开放和改革的机会。因为欧元的产生，欧盟各国都要开放自己的货币市场，同时要改变国内的经济制度和市场制度。所以欧元的出现也是欧洲大陆改革开放的机会。

文艺复兴、启蒙运动、欧元都出现在欧洲，三者都有着举足轻重的作用。从历史角度来看，应该说文艺复兴、启蒙运动使得欧洲迅速从农业经济进入制造业经济，形成一个独立的空间。现在在出现服务产业之后，欧元的出现就可能在这样一个基础上形成新的交易平台。

货币是我们的朋友，是经济的润滑剂

货币的三大基本职能——交易手段、保值形式、计价工具都是通过市场交易形成的，必须在市场交易中才能起到保值、计价、储存的作用。在西方，由于始终没有形成强大的政治权力，因此各个国家只能通过交易试图进行统治，这样他们就形成了货币崇拜，每种货币都要印上帝王头像，帝王通过货币来推广自己的形象。在中国恰恰相反，因为中国从一开始就是农经经济，在这种经济下，争抢权力、集体耕作、组织能力永远高于一切，所以中国的货币化程度从来就很低。

从古至今，货币在中国从来没有获得过精神上的认可，仅仅是作为一个工具，一个器用，从来没有上升到制度层面上，也没有意识到它是经济发展中必要的润滑剂。货币其实是一个社会经济制度发展中必不可缺的工具，而且是市场经济的灵魂，而我们始终没有认清这一点。

马克思主义是在资本主义上升最迅速的时期形成的，马克思看到了资本和货币的力量，看到它们如何打破了原来的社会阶层和社会的生活态度。但他知道核心是解决资本问题。所以我们要认识到，今天的社会无论从哪个角度来看，都已经不可避免地被外化到货币上——用货币来衡量和解释这个社会。

中国的很多企业家和市民不了解货币，由于无知，会敌视货币甚至制造阴谋论，这是与现代化观念背道而驰的。货币是我们的朋友，而不是敌人。

当今的中国社会有太多的文化教化，所以我们习惯于制造高标准，不习惯于找底线，这是一个很大的问题。我们现在不谈货币是什么，却谈权贵，要消除权贵主义。所有人对权贵都怀有强烈的憎恨与不满情绪，但是到底什么叫权贵？权贵本身是中性词。如果了解金融知识，就会知道利用货币手段调动社会资源产生更大的效益，形成影响力，这也是一种权贵。把权贵这个词道德化并泛泛批评是有失偏颇的。

中国金融制度的创新与商人文化的形成

在中国，士农工商中的商人总是排在最后，因为中国长期以来帝王的力量最大，在这种情况下，帝王自上而下分配利益。这不是一个交易的过程，没有互相之间的讨价还价。这种模式下，商人的能力非常有限，处在社会最底层。现如今，借着中国大发展的契机，商人有了施展拳脚的机会。今天是有可能形成交易经济的大发展时代。相应地，我们需要调整中国的商人文化，创新中国的金融制度。

一个制度的发展过程需要时间，需要包容，有些做法不应当在当下作太多严格的判断。中国现在是一个崛起大国，受到全世界的关注，按温家宝总理的话讲是担当的大国，我们的一举一动都会引来世界的关注。从 20 世纪 80 年代以来，温州民间金融就不断受到打击，但打了 30 年，从 2 亿到 8 000 亿，规模反而越来越大。所以对温州的金融改革，最重要的是把温州作为典型，而且明确温州的经验可以全国推广。

银行商业化也是同样的道理。100 多年前的大清银行就是由官方操办，之前的钱庄和票号都是初级信贷银行，本来是可以发展成现代银行的，但是两个原因导致它们没有发展起来。一是官僚资本的压迫，政府大规模地建立银行，强制性把主要功能纳入在里面；另外一方面，外资银行的进入受到中国政府的扶植，它们希望靠外资银行来帮助筹集战争赔款。这两方面的因素导致票号没能继续发展，不得不说是中国金融界的一大憾事。

通货膨胀是政府对社会各阶层财富的掠夺

在通货膨胀这个词中，严格来说膨胀是核心。货币作为交易手段，要和整个经济规模相匹配，这是货币理论最核心的部分。如果货币发展过快，远远超出了正常所需，那就是通货膨胀。如果政府有意给货币注水，那就是恶性通货膨胀。货币在原始状态下，即金属货币状态下，基本上不会发生通货膨胀，因为如果是金属，就随时可以兑换。但若政府通过降低含金量制造劣币，会增加通货膨胀的风险，但程度有限，古罗马的通货膨胀就是含金量减少的劣币造成的。因此，在金属货币时代，通货膨胀会有，但不会发展得特别恶性。恶性通货膨胀是在纸币出现后才发生的。如宋代发行的纸币交子，由于大规模的印刷，使之远远超出需求量，于是货币被大规模注水，原来是 4：1，即 4 个货物价值一个货币，最后倒过来成了 1：20，即一个货物价值 20 个货币，最后南宋政权破产。元朝、金朝都发行交子，最后因通货膨胀自毁江山。后来明朝吸收了这个教训，彻底禁止发行纸币，要求必须以白银交易，从这个时候一直到清朝，中国没有再出现过通货膨胀。

现代历史上出现过的恶性通货膨胀，有三例比较有名。第一是德国"二战"时期的通货膨胀，第二是中国国民党时期的通货膨胀，第三是津巴布韦的通货膨胀。这三次通货膨胀都是政府在遇到危机的情况下，企图通过大量发行纸币来延缓自己的政权倒台造成的。当政府遇到财政危机时，印发纸币的方法成本最低，见效最快，而且后果由别人承担。德国恶性通货膨胀之后，很难抓到罪魁祸首，因为政府领导人不断更换，找不到元凶。

　　而通货膨胀最大的问题，不仅是购买力下降，资源重新分配，更是政府对社会各个阶层的一次全面掠夺。

　　遇到通货膨胀问题，对于普通老百姓来说，能够应对的方式非常有限，只能是寻找相对保值的资产，比如土地、房子、黄金、耐用产品，除此之外没有别的选择。对于有能力的企业家来说，就要对冲通货膨胀风险，选择相对受通货膨胀剥夺程度比较低的产业进行转移投资，可以投资矿产、石油、商品交易等。对于更有势力的富豪来说，就可以采取国家对冲的方式，如果美国的通货膨胀相对低就往美国转，如果德国的低就往德国转。通货膨胀是一个慢性自杀的过程，对通货膨胀的概念、现象进行学习是非常重要的。要不断启发自己的理财意识，不要只知道把钱存在银行，适当进行保值投资也不失为一个好办法。

　　其实，政府在利用通货膨胀作为政治工具的时候，完全曲解了凯恩斯货币政策的本意。凯恩斯主义的重心是在政府操作过程中形成经济利润。凯恩斯意识到 20 世纪以后的社会，已经不是完全的市场力量的博弈，政府已经变成超出市场力量的权力。他是最早研究政府经济职能的人，所以，他的理论强调政府可以创造需求。自凯恩斯以后，经济学理论第一次在原来马歇尔的市场理论上，增加了财政、货币两大政策手段。凯恩斯在历史上的贡献很大，他承认了政府作为主体的作用。凯恩斯曾说过，如果从货币角度观察历史，整个历史将全面改观。尼尔·弗格森的很多研究实际上就是从这个角度看问题，用货币重新解释历史。

世界货币与大国崛起

一国货币想成为世界货币要以国家经济实力为基础，具体来说，主要有三个指标：第一，这个国家在相当长时间内被资本商广泛介入，资本市场能发出债券、资本票据；第二，在贸易结算上作为计价货币，并被广泛接受；第三，作为货币为个人消费者广泛接受。所以只有在资本运作、贸易、个人消费埋单方面都可以使用，才能成为国际货币，英镑曾经是，美元也是。人民币现在远远不是，在国际贸易中人民币交易的比例很小，只有少数国家在对华贸易时使用。人民币债券大多在亚洲发行。因此，人民币想要成为国际货币，条件还很不成熟。

英镑成为国际货币后，大英帝国控制了全球资源，控制了当时所有的主要交易，而且控制了相当程度的未来资源，美元也是这样。一个大国不是孤立的，大国要有集群、有体系，不是单单一个国家。能不能形成集群效应很重要，中国在这方面还需要继续努力。

民众的权利要有底线，政府的权力要有边界

美国作为一个建立在市场制度下的民主国家，有一个基本要求，即所有生活在美国社会中的公民都有一个权利的底线，而不是一个理想的上线。美国大革命的最大特点就是它是由底线构建出来的，它要求保护人们基本的生存权利、

追求财富的权利、平等纳税的权利和言论自由，这是保证美国宪法的底线权利。这是一批律师、政客、犯罪者、逃犯、科学发明家、幻想家等社会不同阶层的人们几个月彼此妥协的结果，这些底线形成了美国宪法。这么多年来，改动并不多。

法国大革命是由一批艺术家、充满理想的知识分子主导，他们心中的理想是伟大而充满激情的目标——天赋人权。这种人权是为了大局不惜牺牲小利的权利，是崇高的理想和未来的目标。这就导致这个过程是血淋淋的，更激进的革命者杀掉了不激进的革命者，断头台上血流成河。然而这个人权宣言今天看上去仍然激动人心、充满理想，结果法国到现在还在折腾。法国和美国两个不同的体制说明社会有一个底线的权利是非常重要的。

无代表不纳税，实际上体现了一种最基本的人权，纳税是权利，也是义务。但是权利不能是单方面的、不能讨价还价的、不可博弈的。这背后需要市场精神和契约精神做基础。

市场精神是指无论什么问题，无论双方有多大差异，无论一方权势多大，都可以平等地按照市场价格进行交易，而不是一方剥夺另一方，只因为另一方出身不好，或其他原因。契约精神是指，签订的契约要保证双方的地位平等，可以讨价还价。中国最大的问题就在于从来没有一个平等的市场交换关系，缺乏契约精神。有的都是单方面的保护，比如君王与臣民的关系就是命令和服从的关系。改革开放30年来，市场精神和契约精神弥漫在社会各个阶层。政府必须顺应这种全球化和市场化潮流来调整自己的政策，税收、管制、市场都应当采取一种与民众讨价还价、尊重契约的手段。

政府收税天经地义，几千年来都是这样。但英国宪章革命、法国大革命以及美国独立战争，使得全世界开始知道，政府的权力要有合理的边界。第一，政府信息要透明；第二，公民可以平等地对话、沟通；第三，要有法律的约束。

人们投资黄金是基于一种信赖感

社会现在又掀起了储备黄金和白银的热潮。从人类学或者人性的本质来讲，这表现了大家对诚实货币的向往，最后导致了黄金、白银价格居高不下。

人们对黄金的崇拜有一个历史的惯性。黄金作为财富与货币的象征，已经有 2 000 多年的历史了，而我们进入法币时代，即纸币时代，不过 200 年时间，所以人类大部分的财富符号、心理记忆、习惯还是在金银货币上。

黄金是稀缺产品，制造成本很高，而且黄金开采是由各个国家监管的，发现了不能随便开采，得经过国家的批准。所以由于这种人为监管的政策，进一步神化了这种财富符号，使黄金成为人们的一种精神依赖，大家都认可黄金的价值和安全性。在这种情况下，人们投资的就是一种信誉，而不是它的使用价值。

06

「货币」

的使命与人类
社会的命运

朱宁

上海交通大学上海高级金融学
院副院长、教授

尊重个人财富和平等的观念促成了美国经济的繁荣

在众多国家中，之所以只有美国对资本或财富没有过太多的争执，主要原因可能有两个方面。第一，文化传承上的积淀不太多。美国作为一个新大陆、一个探险家的乐园，可能不受传统的欧洲大陆的文化或者价值体系的影响，所以对于资本、财富的追求可能更强烈一些。第二，美国自创始之初，一直都充满着强烈的个人主义精神。这在很大程度上要求每个人在财务上、经济上独立或自主。每一个个体对于财务和金融上的独立性都有强烈的追求，有时甚至会超过传统社会、伦理强加的价值观。也正因为如此，美国的价值观才更多地强调资本、个人、财富，和传统的欧洲大陆不一样。

美国人的这种观念其实跟15世纪的欧洲社会改革也有一定的关系。无论从精神文化方面，还是从宗教层面，15世纪的欧洲居民开始越来越多地尊重财富，渴望财富。在这个大背景下，美国发生的价值变迁，也反映了欧洲传统社会的变迁。在这个阶段，重商主义开始逐渐发展，虽然可能还处于一个萌芽阶段，但是经过一两百年的不断发展，出现一系列金融改革和规制，不断推动远洋贸易的融资。

美国从它创建之初，无论是与宗主国之间的战争，还是和美洲大陆的印第安人的关系，基础都是经济和贸易的往来。这其实很大程度上反映了市场经济以及市场规律。这一点和原来英国或者欧洲大陆以皇室为主的价值体系不同。在美国人生而平等，他们的历史上没有皇权，也没有国王。在当时一个基础设施还比较不发达的社会，人民都要通过自己的劳动和诚信，以及和别人的交往增长自己的财富和能力。

美国建国之初的财务体系以及军队和国家的关系反映了有产者如何平衡国家与国民的关系。美国的幸运之处在于拥有这样一群了解市场的人，他们为今后国家的发展设定了一个可持续发展的框架。

货币化的背后必须有强大的法律体系作支撑

在过去二三十年有很多法律方面的研究，使各界对于法律、产权保护更加尊重。在执法力度较强的国家，无论是从经济发展的速度，还是从整个资本市场或者金融体系发展的力度，和那些对于法律不够尊重的国家相比，都有比较明显的优势。

而中国则对整个法律和金融体系提出了一个巨大的挑战。中国在过去的30年，正好往另外一个方向发展，就是在一个相对疏松、宽泛的范围体系，在相对比较弱的执法力度下，取得了经济和资本市场的高速发展。

这一点有矛盾的方面，也有可以调和的方面。矛盾的地方在于，很多其他的发展中国家是在产权相对比较明晰的环境下发展的。如果产权明晰而法律不明晰，就会导致很多交易难以完成，或者难以得到长久的执行。这会影响一个国家或者社会的经济发展。

中国的情况很特殊，在经济发展初期时，对产权的界定相对比较模糊。无论是从计划经济向市场经济的转型，还是从集体所有制向个人所有制的转型，这里面有很多财富其实都是通过产权的界定和划分，逐渐地融入到市场经济体系中。国内资本市场存在很多痼疾，很大程度上不是资本市场或者监管部门可以控制的，更多的是整个社会的价值、体系和法律的基本构建问题。

中国这方面的局限性在于，法律和行政之间的界限非常不明确，有很多行政机关以法律的名义创设出很多规章制度，和整个法律体系并不一致。另外，行政体系的力量远远大于立法和司法体系的力量，所以，权力分配需要有所调整，失衡的状况才能扭转。

正因为有了市场经济的理念，有了对货币和财富的追求，公众对于信息披露、对于公平、公正、公开的向往也特别迫切。

在这种前提下，如果一个政府官员成为上市公司高管，就可能会导致他受到的约束和监督力度更大。从这个角度讲，商品经济和资本市场的发展，不可避免地对社会的法律、政治法律、民主机构有推动和促进作用。

财富追求与道德追求如何平衡？

货币经济很大程度上反映了人性中基本的对于自我利益的保护，这同人们对某些方面的追求一样，都是与生俱来的，所以要尊重它。

在货币经济、商品经济高速发展的今天，很多西方社会也意识到，必须要有更高层次、精神层面和伦理层面的价值观，可以更好地维系人与人之间、家庭与家庭之间、社会与社会之间，更长期、稳定的关系。

除了对货币的追求以外，人还有一种很基本的社会性追求，他们希望有一个稳定、关爱、平等的社会，一旦经济发展到一定的程度，每一个人都会有基本的道德追求。只有在社会的伦理和道德方面有更高层次的追求和满足，才能成为一个成熟的社会。

日本的货币文化和法律体系走在整个亚洲之先

日本的崛起有几个方面的原因。一方面是由它特定的民族性决定的。他们做事情很认真，对于既定目标的追求非常强烈。另一方面，日本具有非常强的学习能力。当时西方的船坚炮利打开了日本口岸，强迫日本人学习西方各种各样的制度，在这方面它走在了其他亚洲国家的先列。

日本不但学习了民主宪政制度，也借鉴了西方的整个工业化体系。但在学习的同时，日本并没有丢弃传统的价值和文化，而是保留得比后来的中国还要完整。在另外一些地方，比如在东京、在大阪这些通讯口岸，日本对于贸易和财富的追求，包括如何通过贸易金融达到财富的创造和转移，走在了整个亚洲之先。

日本这个民族，和其他东方民族相比，有一个更开放的心态而且很大程度上受到岛国环境的影响，它面对黄土文明和蓝色海洋文明的冲突，使它更有机动性，可以接受国际市场上更先进的文明和社会体系，这也是它可以发展的一个很重要的因素。

在过去 30 年，经济发展到一定阶段，大家对于财富的观念自然就会扭转。虽然在欧洲还比较强调对原来的贵族体系或者社会层级体系的尊重，但在日本，尤其是城市地区，民众对于个人靠自己的能力获得财富，并获得自己想要的生活方式，则越来越尊重，这体现了经济价值发展之后对人的尊重和人性的释放。这点也推动了日本经济的发展。

任何一个金融中心的成立和衰退都有两个方面的原因。一方面是其自身的原因，一个国家的经济发展到某个阶段，对于金融自然就产生强烈的需求。另一个方面，日本之所以能够成为一个国际金融中心，很大程度上是因为日本实施的法律体系和大陆法律体系接轨。同时，日本人重视和西方行为方式的对接。中国的香港、亚洲的新加坡之所以能在一个较小的经济体基础上，成立金融中心，跟法律体系的健全也有非常密切的联系。

最后，每个金融中心的成立，一定伴随着来自不同领域企业的汇聚。所以一旦日本成为当时全亚洲经济的领头羊，形成在整个亚洲地区有影响力的中心，就会有资源向它的地方逐渐转移。

在过去的两三年里，尤其在日本发生海啸和核电事故以后，越来越多的国际企业，纷纷把他们在亚洲或者亚太地区的总部，从东京转移到中国香港或者新加坡。在这个过程中，可以看到，虽然中国是今后最有活力、最有潜力的经济体之一，但是企业在考虑业务中心或者业务总部的具体地点时，还是不会优先选择中国。企业可能会优先考虑那些无论是法律、文化，还是语言，都和曾经的本土国家更接近的国家或地区，比如与英美的法律体系更近的是中国香港和新加坡。

所以从这个角度来说，如果想要把任何城市打造成金融中心，就有一个不能回避的问题，即如何在各自辖区之内创建一个海外投资者所认同的法律体系。因为只有创立一个普遍的法律体系，才能建立一个真正意义上的全球金融中心。

欧洲债务危机的缘起与波及面

欧洲各国虽然遭受主权债务危机，但是各国国民生活还比较富足，很多国家的人均国内生产总值或者人均收入是中国的几倍，甚至十几倍。从这个角度进，欧洲虽然经历了危机，但民生仍然相对比较富足、优越。

在西方比较发达的国家里，国家的财富和人民的财富有一个比较清晰的划分。中国是国富民穷，老百姓辛辛苦苦挣了一年钱，交税都到了政府手里；西方很多国家由于原来对于皇权和国家权力有限制，所以很多国家都出现民富而国穷的情况，老百姓丰衣足食，但是国家的财政状况比较严峻。

欧洲所出现的主权债务危机，很大程度上和2007年、2008年爆发的经济危机有紧密的联系。欧洲各国当时为了救助本国在全球金融危机中受到很大冲击的金融机构，就把很多金融机构国有化。于是就把本来民间机构所背负的债务，背负到了整个国家的身上。

一个金融机构可以通过交易和业务来获得收入，它的收入也可能会随着整个经济的发展高速地上升。而一个主权国家，它主要的财政收入来自于税收。欧洲的经济，除了在过去十多年，随着全球的房地产泡沫获得一个比较大的增长之外，其本身的经济增长力度相对比较疲软。

这些主权国家在财政收入方面没有很明显的提升，才是欧洲主权债务危机的本质原因。很多金融机构原来就有资不抵债的情况，由于欧洲主权国家承担了它们的债务，所以这些国家也不得不面临类似资不抵债或者现金流不足的情况。这也是欧洲主权债务危机的一个最核心原因。很多国家没有足够的能力，尤其是经济出现下滑之后，去承担在金融危机时接手的债务。

随着这些金融机构的业务拓展，整个金融网络全球化、一体化已经变成是一个全球的现象，很多欧洲主权国家的债务，都已经被全球各个金融机构广泛持有。

当初之所以爆发全球金融危机，就是因为以美国为首的发达国家，将房地产债券变成金融证券化机构持有。现在欧洲主权债务危机变成一个全球化的现象，也是由于同样的原因。

无论是在非洲的某个主权国家的中央银行，或者在南美的某个大型资产负债机构，都可能持有希腊、意大利、葡萄牙所发行的各种不同信用评级的主权债务。一旦欧洲出现违约，或者欧洲的债务出现重组，抑或者欧元解体，那么很多全球金融机构原认为在自己的资产负债表上比较安全的资产，就会变得没有任何价值，就会导致出现很大的危机。

金融机构一旦出现危机，会对他们所处的各个国家的经济，或者地区经济产生很负面的影响。所以，虽然欧洲主权债务危机只在欧洲本土发生，但是它的影响范围随着全球经济一体化，已经弥漫到了整个全球经济的各个角落。

未来的货币格局可能是一体化的全球货币体系

货币的诞生是人类发展到一定阶段的自然选择。它反映了人们对于货币的基本需求。除了经济层面的需求之外，人还有很多社会或价值层面的追求，以及对于自由和平稳的追求。

然而，没有完全的平等，也没有完全的自由。所有的自由和平等都是建立在一定的经济基础或价值保证体系之上。自由必须有一个不可或缺的根基，即商品经济，或者叫货币体系。从这个角度讲，无论人们对于自由的追求达到哪一层面，都不可能摆脱对于经济基础的依存。

世界格局，尤其是世界货币体系格局，肯定会在今后一段时间发生改变。一个非常明显的例子就是，在 19 世纪末，美国经济已经超过了英国，成为当时世界上最大的经济体。但直到第二次世界大战爆发之后，美元才逐渐超越英镑，成为全球的主导货币。

在今后一段时间，随着中国经济的发展，经济体系和金融一体化的不断完善，人民币肯定会在全球货币体系里扮演更重要的角色，但是这并不意味着人民币会取代美元、欧元、日元，成为一种最主要的货币。

所以必须要清醒地认识到，每一个货币体系的演变，都反映了当时经济体系的发展，两者是不可割裂的。瑞士虽然国家不大，但是其货币瑞士法郎也会成为一种很重要的储备货币，反映了一个社会在某一个时期对于政治上的卓越性的追求。

无论一个国家的经济能够发展到何种程度，它的货币都能反映某一种不同的经济发展趋势，甚至是社会发展趋势。美元就是经历了半个世纪左右的发展得到全世界投资者的信任，成为一种主导货币的。

这是一个发展和变化的必然趋势，而且这个趋势肯定最后会走向一个全球一体化的货币体系的建立。虽然进程肯定非常漫长，中间会有各种各样的波折，但是无论从交易的便利性来讲，从整个货币的储备公正性来讲，还是从国际货币政治体系越来越向多元化、稳定化发展的角度来讲，一体化的全球货币体系，包括最后建立一种超国别的一体化体系，可能是整个国际货币体系最终的发展方向。

经济体系与货币体系密不可分

欧元在过去十几年的发展，为整个货币体系，包括整个人类的经济体系，在今后的长期发展提供了一个非常有价值的探索和借鉴过程。在第二次世界大战之后欧洲获得前所未有的经济发展机会，很大程度上是得益于欧盟的成立、欧洲经济区的建立、欧洲经济一体化的发展。

这给亚洲地区带来一个非常重要的提示，就是经济体系和货币体系两者是密不可分的，其中一个体系的发展会推动或者带动另外一个体系的发展。欧元区的经验值得其他国家来参考。

随着欧元的推出，整个欧洲资本市场取得了前所未有的长足发展。原来只在欧洲被认同的金融机构逐渐为国际投资者所喜闻乐见、津津乐道。随着经济一体化的发展，可以看到各个国家本身的金融市场都发挥了很大的推动作用。欧洲现在有两大交易所，一个从事证券、股票的交易，一个从事大宗生产交易。

从各个国家拥有一个交易所，变成整个欧洲大陆拥有一个或者两个交易所，无论是从交易所的效率，以及和其他国家、体系之间的不同竞争态势，还是对于本地经济的整体推动，都给亚洲各个经济体，包括美洲的部分经济体提供了非常重要的借鉴作用。一旦能够很大程度地释放金融或者货币，就能够对经济产生推动作用，也因此会获得一个长足的发展，这对全球体系的进一步发展和演进提供了正面的经验和很好的具体操控方式。

这次的教训是，欧元危机，包括欧洲主权债务危机，反映了任何一种货币，或者货币体系的发展，都必须在每一个地区内处理好三个层面的矛盾。第一，核心国家和非核心国家的矛盾。比如德国和法国，与其他经济欠发达国家的矛盾。第二，核心国家之间的矛盾。比如法国和德国之间的矛盾。第三，在国家内部，政府和选民之间的矛盾，也就是说大众的政治和少数的经营政治之间的矛盾。欧元区是一个探索，很大程度上反映了在很多层面上政治领袖或者精神领袖在理念上可能已经走在了社会发展的前沿，但是他们没有能够很好地协调自己的政党和选民之间的关系，以及和其他国家的关系。

希腊债务危机对欧元与欧元区的影响

希腊的主权债务危机之所以能够发展到今天，爆发成为一个全球性的金融危机，很大程度上不是金融体系出了问题，而是国家的政治体系存在问题。

为什么希腊能够拥有一个庞大的公务员体系，给公务员，甚至其他的社会公众，提供这样一个具有吸引力的退休社会福利保险体系？很大程度上都是因为希腊的政治家或者政治首领们，在争取政治上的胜利的同时，没有考虑到财政在中长期的可持续性。

他们开了很多空头支票，最后发现自己国家的财政不能够支持这种状况。所以在这样一个大环境下面，希腊的危机，包括欧洲主权债务危机，可能在中长期都很难有一个非常好的解决方式。要想解决债务危机，很大程度上就必须要削减债务。而一旦削减债务，就会影响到本国国民的生活水平，或者是影响到本国一段时间的经济发展速度。

所以欧洲主权债务危机以希腊的状况最严重，其焦点无外乎就是削减债务和刺激经济之间的平衡。由于债务已经非常高了，还债的成本无论是利息还是本金都非常高，所以没有给各国政府留下太多的可操作空间。整个欧洲和希腊主权债务危机的一个核心问题，就是它们的政治体制和经济体制相对有些脱节。

为什么希腊留在欧元区会对欧元有很大的影响？大家提出了很多对于欧元作为一个统一货币体系，是不是可以继续存在下去的猜测。可能有这样两种情况。第一，希腊状况不断恶化，可能第一个退出欧元区，这在一定程度上对欧元区有提振和稳定的作用。但是，在希腊提出之后，下一个国家可能就轮到西班牙。西班牙国家的收益率大幅度上扬，很多国际投资者都开始怀疑，一旦希腊退出欧元区，西班牙是不是还能东山再起。如果希腊不能在欧元区之内，下一个很可能是葡萄牙或者意大利退出。一旦这几个国家退出，欧元就可能不成其为欧元了，这是一种情景。

还有一种可能性比较小，但是有可能冲击性更大，就是德国不愿意再留在欧元区里。在短期内，德国保留在欧元区之内，对于德国本国经济来讲，带来的更多是责任和投入，而不是收益。一旦德国决定退出欧元区，那么欧元区将会受到沉重的冲击，因为现在欧元区都是由德国一个国家的财政来支撑。

这两种情况，无论哪一种出现，都会对欧元作为一种统一的一体化欧洲货币，带来非常严重的影响。

一国货币的投资价值取决于该国经济的可持续发展水平

任何一种货币在全球货币体系里，都会有它吸引投资者的地方，也有不吸引投资者的地方。对于很多主要的货币而言，很多投资者主要看重货币的三个方面。

第一，货币所在国家或者地区的经济发展前景。一个国家主要的财政收入取决于国家或者地区经济发展的水平，越发达的经济，可能财政收入就越稳定，越有保证。所以很多投资者在考虑一种货币是否具有投资价值的时候，首先会考虑这个国家的经济是不是有前景。

第二，投资者往往会考虑所投资或者持有的货币，是不是能起到保值、增值的作用。这一点很大程度上取决于一个国家的通货膨胀水平。所以，各个国家的央行，包括欧洲中央银行，都会把控制通货膨胀作为货币政策的重要部分。

第三，投资者关注一个国家或者地区的整个财务健康水平。虽然一个国家有能力把很多财富从民间收集到国家，但投资者除了一个国家的经济发展水平和通货膨胀水平之外，还会关注这个国家和地区的财政健康状况。也就是在财政获得了之后，这个国家是不是能够明智、正确地运用这些财政收入，把它们用在那些更可以支持经济可持续发展的方向上。正是出于这一点的考虑，现在很多国际投资者对于欧元区或者希腊打了一个很大的问号，认为虽然这些国家有经济增长的能力，但是他们并没有把财政收入用到一个可以让投资者信服或者放心的方向上。这一点不只是一个经济问题，更是一个文化和社会价值的问题。

建立控制货币和通货膨胀的有效机制

在全球货币体系中，各个国家的货币发行量一直是一个重要而敏感的话题。有两个方面的约束。一方面是比较隐性的约束，即一个国家在滥发货币之后，自然会引发国内的恶性通货膨胀，导致自己本国货币对外币的贬值，给对外贸带来负面的影响，所以这是从自然经济规律来讲的隐性的约束条件。另一方面，各个国家往往认识到除了这种隐性的长期约束机制之外，可能这些约束机制不足以防止或者阻止国家集体、中央银行强烈的印发货币化解自己的债务负担或者解决自己社会问题的动机。

在这样的大环境下，各个国家都要通过立法的形式，限制各个货币主管当局乱发货币。美国在这方面分成两个比较重要的机构，一个是美国联邦储局，即美国的中央银行，一个是美国财政部。两者在货币政策制定和实行方面，都必须严格地向国会汇报，而不是政府。这在一定程度上保证了货币政策和财政政策的连续性和超政治性，也保证了货币的发行或者财政的增加，都必须得到由国会所代表的全体国民意志的认同。

2011 年就曾经出现过必须要大规模上调预算的最高上线的情况，否则美国政府就不能正常运行。这一点很好地反映了，在关系到整个美国政府是否能够继续运行这么重要的问题上，美国国会虽然有它的政治考虑，但是仍然是对于整个货币发行和财政健康，具有最终话语权的立法单位。所以它反映了美国财政政策的超政治性和超政党性。

货币之所以能够被各种文化、不同种族的人所接受，很大程度上是因为它带给了人类一个非常需要的元素——信任。我们为什么到了别的国家不能接受他们的纸币，而从海外来的朋友们，也不能接受国内的人民币，很大的程度上是因为各种不同的货币，带给人类不同程度的信任。

货币与银行的信用要靠法律体系来维护

货币化首先要具有独特性。无论是原来的贝壳，还是钻石，都是相对比较稀缺的，而且大家又比较喜欢持有。

其次，货币带有非常强的社会性。货币可以带给人安全的感觉，这种安全的感觉是同货币背后的财富及其所能支配的资源、完成的任务联系在一起的。

货币给了每一个持有人，一种对于社会和其他人相互之间接触的能力或者能量。这种能力或能量导致各个国家、社会、种族都会不约而同地对货币产生很强烈的需求和追求。

在人类历史的发展过程中，银行最大的作用，就在于把信用体系带到了人类社会。原来无论是存款、借款，还是对一个公司的了解，每一个个体都很难非常尽职地把这个工作做好。银行正是充当了一个非常重要的中介，不但帮助方方面面的人作了必要的调查，也作了时间上和地域上的区分。这些不确定性和缺乏信任的问题，都通过银行得到一个很好的解决。

一旦跟银行打交道，那么对于银行把钱放贷给谁，是可以信任的。这种信任的增长和信任体制的推出，是银行对于整个人类经济体系的发展作出的一个巨大的贡献。

银行体系很大程度上就是信用体系，讲到信用就必须讲到法律。中国在明清时期都出现了比较基础的金融机构，之所以他们没有发展成大规模的、成熟的银行体系，很大程度上是因为受制于司法体系的落后和缺乏行政体系的支持。所以如果要更好地发展银行体系，必须要保证法律体系能够正常地运行。

不论在哪个朝代，一个银行体系要想真正发挥作用，必须保持独立性，要独立于社会的权力机关。只有依赖于一个独立的法律体系才有可能保障自己的价值和贡献，并反映到自己的业务之中。

银行体系要想非常有效地发挥作用，就必须处理好它和权力之间的关系。只有一个不屈从于权力的银行体系，才有可能把自己真正要反映的信用体系、价值和功用，更好地反馈到社会中去。

「建设

一个开放成熟的
资本市场对中国
经济很重要」

黄明

美国康奈尔大学及中欧国际
工商学院金融学教授

只有打开资本市场，才能实现人民币国际化

　　人民币国际化是个备受关注的问题。每当谈及美元的国际货币角色，我们都会自然而然地认为这与美国的经济或政治力量是相匹配的。从这个意义上说，希望人民币国际化的国内呼声很高，很多人甚至希望人民币将来有一天成为全球主要的储备货币之一。这是个非常值得实现的梦想，但是人民币国际化其实面临很多艰难的门槛。从微观金融角度来说，最大的门槛是中国资本市场发展的健康、成熟程度。人民币要想国际化，不只是满足企业之间用人民币进行贸易结算的需求，更多的是需要外国的投资者、企业，甚至外国的主权基金愿意持有人民币，用这种方式来保值增值。美元之所以成为全球最重要的储备货币，是因为任何人都可以持有美元，通过美元去买美国的国债实现保值增值，可以买美国的股票，也可以投资美国的房产。美国没有任何限制，谁都可以来投资，而在这个庞大、成熟的市场，持有美元不会被套牢，而是会逐渐增值，这样才使美元成为国际顶尖的储备货币。

人民币要想成为主要的国际储备货币，必须使外国投资者有机会通过持有人民币来投资中国的债券、股票等。这意味着中国资本市场要对外国的资本完全打开，才可能配合人民币的国际化。但这恰恰也是最难做到的。从学术角度来说，最重要的原因就是我们的资本市场不够稳定、成熟，免疫能力不够强。把免疫能力不强的时候与全球的资本市场连接之后，全球稍微有点风险、危机，就相当于引入了传染病，国内资本市场立刻会受到牵连。

比如美国金融危机的时候，美国的股市下跌，俄罗斯的股市也随着暴跌，比美国跌得还厉害。也就是说美国咳嗽一下，俄罗斯就会患上重感冒。国际金融市场上的风暴、危机就像传染病，它的传染媒介就是热钱，热钱流到哪儿它就传到哪儿。假如美国爆发危机，由于全球很多投资机构的总部都设在美国，总部就会告急，这时就需要抛售各国的股票和债券，将全球的风险投资收回来。这也是为什么美国发生危机，美元反而坚挺：美国的投资机构在全球抛售资产，把钱撤回美国，这样就得卖掉其他货币购买美元，反而使得美元坚挺。在这个过程中，随着美国金融危机在全球范围内的扩散，俄罗斯、亚洲很多国家的市场会暴跌，这就是金融危机传播的方式。

相比之下，中国国内的券商、银行和资本市场却没有受太大的影响，原因在于我们把自己的金融体系与世界金融体系基本隔绝开来，"传染病"传不过来。在中国投的国际热钱规模有限，对于国内市场的影响也不大。

中国的股市在金融危机期间的确也在下跌，但基本上是中国自己的原因，跟国际金融危机关系不大。下跌之后，中国股市又走上自己的新一轮行情，和美国股市基本上脱钩了。

由此可以看出，中国把自己的资本市场、金融体系与全球的热钱和金融体系隔绝开，有短期的好处，即保证在自己免疫能力不够强的时候，不容易受国际金融危机的传染和影响。

但是从长远来说，中国作为一个经济大国，要想促进经济发展，甚至将来有一天要实现人民币的国际化，让人民币作为主要储备货币，就必须把自己的资本市场打开，使国际资本可以到中国来投资，国际企业可以到中国来上市，这样才有希望实现人民币的国际化，才有希望把中国的金融市场做成真正的国际金融市场。但是之前，需要问一个问题，中国的资本市场能否顶得住国际热钱在恐慌之下隔夜撤出，A股在国际资本撤出的风险下会不会暴跌，会不会影响整个资本市场、金融体系的稳定甚至社会的稳定，我们是不是能经受得起这样的风险？美国资本市场这么强大是因为它经受住了考验，美国互联网泡沫破灭后很快反弹回来。美国经济不是很景气，但美国股市在2012年仍不断创新高，这说明了它的股市非常成熟、健康。这种成熟、健康体现在很多方面，比如整个股市基本上是以价值投资为主导。当全球的热钱在恐慌之下撤出，股市面临崩盘的时候，有大批的价值投资者，如巴菲特会抄底进市，投资大学的捐赠基金、退休基金等，这样股市就不会再跌了。

而国内的情况不一样，A股下跌，没有太多的价值投资者来兜底，因为中国股市不是一个以价值投资为主导的市场。只有中国的资本市场、股票市场、债券市场发展到足够稳定、成熟，经得起恐慌，经得起国际热钱流进来、流出去，才有可能允许国际热钱投资国内市场，人民币才有可能成为主要的国际储备货币。央行要努力实现人民币的国际化，就必须要全力支持证监会把中国的资本市场建设成熟，这样才有可能实现人民币的国际化，使人民币成为国际储备货币。

自从 2008 年金融危机以来，中国对货币的作用以及货币代表一个国家形象的程度稍微估计过高。实际上，顶尖的经济体没有必要把自己的货币发展成国际顶尖储备货币也同样可以发展得特别好。假如某一货币成为国际主要的储备货币，的确会带来一些好处，但是这种好处比较有限。更重要的是，当一个国家的货币成为主要国际货币之一的时候，我们的企业和投资者都会从中受益。与此相反从国家的层面，它更多是一种象征，没有太多实质性的好处。假如将来人民币可以自由兑换，那么中国的企业、外国的企业或机构就可以自由地把人民币换成美元或其他货币，这样就可以使我们的投资者和企业在投资和经营过程中不太容易遭遇到汇率波动的风险，以及资本管制的影响。这样即使人民币不是主要的国际储备货币，对中国来说也都是一个极大的成功，因为它已经算是一个国际化的货币，只不过不是主要的储备货币而已。

中国的金融机构如何才能成为百年老店？

为什么国际顶尖的金融机构两百多年以来都是以家族和几个亲密的合伙人作为基础主导力量？因为这些顶尖金融机构的主要任务是担当金融中介，金融中介最根本的作用就是在融资方和投资方中间充当媒介。融资方和投资方存在极大的信息和利益不对称，因此他们之间很难互相信任，而且融资方和投资方之间往往是一次性的关系，很难靠信誉来约束双方。

在这样的情况下，往往市场就会处于瘫痪状态，互相不信任，要解决这个问题除了要有相应的法规，需要证监会监管之外，最好的解决办法就是这些大的金融机构作为一个中介通过建立自己的信誉，赢得融资方和投资方的信任。这就是为什么金融中介会有这么重要的社会意义，同时也说明了为什么金融中介多年来都是以家族或者长期的合伙人持股来控制经营，这对弥补现在国际金融机构的发展缺陷，以及解决国内金融机构的发展问题都有借鉴意义。

首先是对现在的国际金融机构有借鉴意义。这轮经济危机的最重要原因之一就是，现代的国际金融机构早已经摆脱了两百多年来家族和合伙人的控制，很多都变成了由短期激励下的职业经理人来把控。他们更关注短期利益，不愿意为自己工作的银行或者投行经营更长久的声誉，品牌和声誉无法引起他们的兴趣，他们做的很多事情，都是以损毁银行声誉的代价，赚取了自己一年的奖金。这种事在两百多年由家族或合伙人控制的投资银行是不可能发生的，这恰恰说明经过股份制的改造、上市等，现代金融机构的治理结构已经背离了经济规律对金融中介的根本性要求。所以金融危机最大的教训之一就是治理结构的问题，本来应该由长期股东来控制的金融机构变成了由短期激励下的职业经理人来控制。

其次，对中国资本市场的发展也有借鉴作用。中国资本市场的发展缺乏好的金融中介，大企业上市都需要找国际金融中介，向国际顶尖的投行、审计事务所、律师事务所等支付很高的费用。国内的金融中介还远远不够强大，缺乏具有悠久历史、可以让融资方信赖的品牌，关键原因是国内对金融中介的监管方式不适合把它们培养成为百年老店。我们总是认为民营企业不可信、不稳定，而国企有政府的约束，不易犯严重错误，所以大的金融机构的牌照全部授予有国资背景的金融机构。其实国资背景的金融机构存在代理人的问题，股东是纳税人，但是职业经理人手上不持股，他的目标就是到退休前把企业经营好，不过五六年时间，这样不可能把金融企业打造成百年老店。所以现在国内金融改革应该把金融服务行业打开，让民营企业在较低的门槛下可以进来，然后多给予一些激励，让这些民营企业或者由优秀的高端投行人士组成的合伙制企业，有动力经营自己的品牌，让这些企业可以存在几十年，一代代传下去，这样才有希望做出中国人自己的金融中介品牌，才能促进中国逐步形成成熟资本市场。

欧元区危机本质上是一个挤兑问题

从经济基本面来说，欧元区的危机可以说是经济发展不均衡导致的，制度不一样的国家的不均衡发展在统一货币的情况下将经济泡沫放大了，到了如今很难收拾的地步。但从金融的角度来说，欧元区危机在短期内基本上就是一个挤兑的问题。很多国家包括意大利、西班牙等，在危机爆发之前经济还可以，赤字现象不严重，如果资本市场比较耐心，给这些国家低息贷款的机会，就可以安然度过。金融机构本质上具有脆弱性，经不起所有人的集体攻击，欧元区危机就是这样发生的。如果所有人的信心不足，就会发生挤兑问题，这时需要有更强大的机构出来做担保。

当希腊、意大利被挤兑的时候，需要出来做担保的是以德国为代表的欧元区富国，但现在的问题是德国不愿意为其他国家埋单。

追根究底在于欧洲多年来一直没机会形成统一的国家、文化、语言、感情，其中"感情"两字尤为重要。只有有了统一的市场、文化、感情，才有发行统一货币的基础。

比如，美国金融危机发生时，有很多地区房地产泡沫非常严重，如果仅靠当地自身的力量很难恢复过来。所以联邦政府斥巨资救市，这相当于美国其他州的人救了佛罗里达州人，因为联邦政府的税收来自于全美国人的纳税。但因为美国是一个统一的国家，所以很少会有人认为不应该救市，中国的情况也是这样，而在欧洲情况则不同。

在欧洲，只要德国稍微表示出救市的意愿，德国主流杂志的编辑就写文章反对。在这样的情况下，欧洲就缺乏统一的政治、文化、感情作为基础，各国不能同甘共苦。但以德国为首的经济实力较强的欧元区成员国也不可能一直置身事外，欧元区任何一个小国家的退出，都会产生比雷曼事件影响更恶劣的后果。希腊退出了，马上会导致德国尤其是法国一批持有希腊企业债、银行债、国债的机构蒙受巨大的亏损，资本市场马上会惩罚它们，股价会因此暴跌。欧洲的很多国家的股市也都会相应暴跌，然后引起新一轮的危机。一旦国际对冲基金在希腊尝到甜头后，下一个就会打击葡萄牙、爱尔兰、西班牙或意大利，如果其中一个面临信用危机，欧盟将面临几万亿规模的欧元债务。因此，希腊等小国家退出欧元区对于全球的经济和金融，尤其对欧洲来说将是一个巨大的核事件，所以在最后的危急关头，德国等国是会伸出援手的。

欧洲最好的选择就是在希腊退出后，设立一个极深、极厚的防火墙，让其他国家不会受到牵连。但是要做到这一步需要德国作很多让步，要彻底解决欧元区的问题仍然任重道远。

汇率波动的风险是企业难以承受的

汇率波动对企业家来说非常难以控制，且会带来成本压力。往往一家企业从产品投入生产开始，到销售出去，需要计算成本利润。如果汇率在这一过程中出现明显的波动，就会产生额外的成本，这部分成本不但无法控制，更无法预期。尽管企业付出很多努力，希望规避这方面的风险，但仍然很难做到。

汇率对普通老百姓的影响主要在于，假如他们购买的某些生活消费品是需要从国际上其他国家进口的，那么这些商品的成本就受到国际汇率波动的影响，很多其他高端消费需求也要和汇率挂钩。所以，汇率对于投资者、消费者都会有或多或少的影响，但影响最大的还是企业。很多企业的利润率非常有限，比如百分之十几，一旦汇率出现波动，就可能将净利润全部抵消。所以从这个意义上讲，企业由于它自身的一种特殊的杠杆效应，对汇率的波动比较敏感。

随着人民币的升值，国内很多企业会逐渐失去竞争力，因为我们的成本结构是按人民币计算，但是收入往往跟美元、欧元挂钩，所以这的确是给我们带来了很多新的风险和负担。

发达的资本市场必须有健全的法律体制来护航

世界上所有金融强国的法制体系都特别健全，没有一个一流的法律体制，没有人人在法律面前平等的体制，是很难建成金融强国的。金融从本质上来看买卖双方的信息和利益都不对称，存在一种跨时期的交易。中国改革开放到现在，很多市场都发展得特别好，但是很多人都意识到，中国资本市场的发展有些滞后，主要原因是它处于新兴加转轨的阶段。在中国，只要是一手交钱、一手交货的市场都发展得很好，但是金融市场本质上不是一手交钱、一手交货，中间会有时滞，可能几年、十几年，甚至几十年。这就意味着必须有强大的法律，严格保护每个人的利益。

资本市场的情况是投资者先交钱，而由于信息不对称，他们总是没有融资人对公司、企业了解得多，因此容易被蒙骗。在资本市场上，往往是有钱、有权、有势的人代表强势的一方，更容易通过融资和其他一些手段，侵占一些无钱、无权、无势的人的利益。因此，假如法律稍微有一点不平等，往往有权有势的人会得到更多的偏袒，而他们在资本市场上更容易仗势欺人。所以，在一个法律不健全的国家，资本市场往往很难发展好。

08

「货币化
与市场化
是一种趋势」

王东明
中信证券董事长

货币化与市场化的关系

任何事物都有价值，并通过货币化形成了价格。若通过市场化的方式在交易中形成价格，我们称之为市场化价格。市场化价格通常都较为公平，比如房地产货币化或者商品化以后，人们买房可以自由支配收入，不受原来标准的限制。从这点来看，中国房地产从 20 世纪 90 年代末期逐渐商品化和货币化之后，实际上带动了国家经济改革，所谓的 10 年、15 年的黄金期，实际上就是从那时开始的。

任何东西都有价值和价格，最终价格一定会反映价值。从资本市场来讲也是这样，一个公司的股票价值或者价格的高低，反映出投资者对它的预期，包括经营、管理及未来发展空间等方面。通过这种市场化的定价机制，就可以反映出公司的价值。

任何一个经济领域或者经济行为完全货币化，实际就是一种市场的带动作用。美国是走在更前端的国家，它的任何东西都可以用货币来衡量，包括政治上的选举也是靠金钱推动的。随着进一步的货币化、商品化、市场化，会有更多的东西通过市场来定价。例如，水价、电价的市场化程度并不高，而且没有通过价格的信号反映出资源的稀缺性。所以，导致浪费资源的现象普遍存在。

货币带给人类自由和民主。第一，货币赋予人们购买的自由；第二，货币面前，人人机会平等，只要有货币，都可以做同样的事情。这是从个人的角度来讲的。从国家的角度讲，货币则给整个经济系统带来更大的弹性。

欧债危机的深层次原因是超前消费

债务危机，用通俗语言讲，就是一个国家借的钱还不起了。比如希腊出现的国债危机，到后来的爱尔兰、葡萄牙债务危机，现在又蔓延到更大的经济体，包括西班牙和意大利等。

发生债务危机的深层次原因则是超前消费。量入为出是一个最基本的道理。但是由于金融工具多年的发展，很多人都在"寅吃卯粮"，发展到一定程度，整个国家都在超前消费。从经济学角度讲，国民创造的财富已经不足以支撑国家财政的支出了。在这种情况下，只能到境外去借。由于国民经济越来越不景气，还债的能力也就越来越弱，最终导致了今天这种局面。

欧债的问题从经济学角度来说是债务违约，但是并不意味着政府或国家的破产。债务违约，可以通过各种方式解决，如债务减免、债务转移或变卖"家产"。但违约并不意味国家机器停止运转。

国家还有很多其他的职能，如国防、外交，所以政府机构肯定还要继续运转下去。作为金融机构，如果在公开市场上发行的债发生违约现象，则会引发连锁违约的现象。

量化宽松的货币政策可能导致通货膨胀

货币有乘数效应。将 100 块钱存入银行，其中 80 块钱贷给第三方，第三方拿到贷款以后不立即使用，而是又存到另一家银行，这家银行又可以再贷款给另一方……将 100 元钱投入货币市场，可能产生数倍于原来数额的货币量，这就是乘数效应。所以，向市场投入一定资金，可以增加货币的流动性。反过来，如果实行紧缩的政策，也会起到同等程度但方向相反的效应，最终可能导致金融企业的崩溃。

1929 年经济大萧条给我们的一条最重要的教训就是，在危机的时候，一定要增加金融系统货币的流动性，央行要大规模向金融系统增加贷款，投放货币，使整个经济一直运转。现在最大的问题是，2008 年美国的金融危机引发全球经济危机以后，大家不敢贷款，金融机构也不敢放款，导致经济衰退。因此，经济到了危机的时候，一定要出台大量的宽松政策，不断地有钱存入银行，中央银行不断拨给金融机构钱，让它们去发放贷款。

量化宽松的货币政策可能导致通货膨胀，但是有通货膨胀并不一定是坏事。比如每年有 3%~4% 的通货膨胀，可以保证所有的资产一直增值。虽然温和的通货膨胀可能会给经济增长带来一些好处，但是通货膨胀也有坏处。中国维持负利率已经有非常长的时间了，存款放到银行去，每年都在贬值。如果通货膨胀率是5%左右，存款利率只有2%，那么每年要损失3%的存款。而对于货币化和市场化的根源，现在关键的问题是整个金融机构的运作机制没有市场化，这是其一。其二，在中国抵御通货膨胀的方式，比如真正的金融商品或者产品，种类太少。

按常理来讲，债券是比较好的抵御通货膨胀的工具，但是老百姓根本买不到。而且中国的股市，如果完完全全按照市场化的方式进行运作，也应该是财富积累的过程。在美国，从长期来讲，如果用10~20年的时间投资股市，哪怕经历2008年的金融危机，投资收益也会远远超过通货膨胀造成的货币贬值。

通货膨胀最简单的原因就是货币发行量过大，经济消化不了，溢出的部分造成了价格的上涨。按照弗里德曼所讲，通货膨胀最根本的因素就是货币因素。

中国的通货膨胀始于2008年，当时为了抵御经济危机的冲击而大量增加了投资和贷款。真正感觉到通货膨胀是在这一两年，所以通货膨胀存在时滞。首先是资源价格的上涨，之后慢慢波及工业产品，再之后是农业产品和食品。

利率实际上就是资金的价格。借款的资金有成本，除了要偿还本金以外，也要支付成本，这就是利率。汇率实际上也是本币和外币发生交换的时候所产生的成本。宏观上讲，两个国家各方面经济能力总体的比较，造成了汇率之差。

中国的商业银行之路如何走？

中国到目前为止，还没有完全实现利率市场化，利率还是由中央银行来确定，这在很大程度上在保护着商业银行的利益。

贷款在很大程度上，可以叫保护性利差。借贷双方，一般甲方是银行，乙方是借款方，贷款方处于强势位置，借款方相对弱势，所以这也保护了弱势的一方。另一方面，资金也属于资源。现在一个很大的问题是，由于大型银行贷款的对象大部分都是国有大中企业，一些国有企业拿到贷款后，会通过其他方式放贷出去，从利差中获利。

作为生产要素，如土地、资金、人力资源，它们的价格都属于要素价格。要素价格如果没有市场化，就会造成一部分人享受较低价格，就会有人从中套利。在这种情况下，就会发生不公平的现象。从长远来讲，应该逐渐地走向利率自由化，也称为利率市场化。

目前国内银行的业务相对比较单一，只靠存贷业务利润就相当可观。而对于国外银行，存贷带来的息差收入只占 20%~30%，要靠大量的服务型、中间型的业务获得收入。也正由于国内息差收入占银行利润的比例很大，所以银行在这方面的发展进取心就不够积极。

中国要想产生符合市场化的商业银行，首先要逐渐实现利率的市场化，允许国外银行参与市场竞争。虽然几大国有银行已经进入世界前十，资产、市值规模都很可观，但是它们的服务、功能，尤其服务广度、深度还非常有限。像花旗银行这样的公司，本土的业务量只占 40%，全世界其他地方给它带来了60% 的业务。它的业务覆盖了 101 个国家，提供服务的客户人数已经超过两亿。此外，对于一个银行，最重要的是要延伸服务的广度，这样可以分散风险。

市场化

的背后是商品化与货币化

程博明

中信证券总经理

遭遇通货膨胀，首先要分散投资

通货膨胀是由总供给和总需求的关系决定的，但心理预期也会造成一定的影响。为了避免通货膨胀造成的损失，除了把钱存到银行之外，还有其他的手段，比如买字画和有价债券。这当中有些收益率比较高，但同时风险也比较大，比如股票。有些债券如早期的国库券，收益率比较低但比较固定，由国家信誉担保。要分散风险，根据风险偏好和将来家庭的需求，作一些适当的安排，长期、短期、高风险、低风险的投资适当地配置。

货币是人类一项了不起的发明

货币的第一大功能就是满足人的生活需求。货币具有一般等价物的职能，这是最基本的。第二个功能，可以创造更多的需求。因为过去就是吃、穿、用，在货币早期，比如金属货币，甚至是实务货币的情况下，这些货币很难满足人们多元化的需求。随着纸币的流行，增加了货币的流动性，人们可以去买各种各样的商品，满足自身多元化的需求。所以货币与经济生活和日常生活是密切相关的，没有一个人能离开货币而独立生存。

经济市场化与金融市场化的辩证关系

虽然中国是文明古国，但是中国的金融始终没有实现现代化，没有达到发达国家的水平，这主要是金融和经济的关系所决定的。因为金融是为经济服务的，第三产业也是为经济服务的，只有实现经济现代化、市场化，才会有金融现代化、市场化。但中国的经济发展在前，金融发展在后，且很长时间一直是计划经济，后来才变成有计划的市场经济。虽然在这个演变的过程中，金融提供了很大的支持，但是经济的市场化程度还不够，所以使得金融市场化程度也不高。此外，大的金融机构，包括银行、证券、信托、保险，国有控股比较多，进入门槛比较高，导致竞争性不强。

其实，货币化的程度跟市场化的程度是正相关。经济实现市场化，货币化的程度也会随之越来越高。

人民币国际化的必要条件

　　一个国家的货币在国际上的地位，完全取决这个国家的经济地位，也就是国力。人民币国际化是必然趋势，但需要很长一段历程。关于人民币国际化，我们最需要解决的是中国国民经济的实力问题。只有中国的经济实力在国际上逐步显现，人民币国际化的可能性才会越来越大。

　　国际货币的特征主要有：第一，它不会有贬值的风险；第二，货币可以在市场上自由流通。比如人民币在中国能使用，出国之后也能使用，流通性比较强，才能成为国际货币。为什么中国持有美元是最多的，外汇储备主要买美国国债？因为美国的实力最强。

　　国际货币最早是黄金，因为黄金在全球都可以使用。它可以保值、增值，也可以流通。人民币不但要实现自由兑换，其资本账户也需要逐步开放。这与中国的国情、资本市场的成熟程度以及监管水平是密切相关的。从长远来看，现在很多东西已经在逐步开放。资本市场是一个高风险的市场，很多投资者的资金承受能力、心理承受能力以及抗风险能力，还远远不够。所以从保护国内投资者的角度看，逐步开放是正确的策略。但是投资者要靠市场不断地锤炼，随着中国投资者的不断成熟，抗风险能力的提升，以及心理素质的提高，中国的资本市场会逐步成熟起来。

　　资本市场是一个国家金融市场体系很重要的一部分，而且是最有活力的一部分。中国资本市场发展 20 多年，发展得很快，但从开放程度上来说还远远不够。资本市场的开放是人民币国际化的一个必要条件。

中央银行必须保有独立性

从 1693 年英格兰银行诞生以来，全世界现在共有 100 多家中央银行。独立性高的中央银行，货币的稳定性好，通货膨胀的概率低。

中央银行的主要职责是：第一，发行货币，保证币值的稳定，防止通货膨胀；第二，通过发行货币控制信贷规模，促进经济的平稳增长。由此可见，中央银行同一般的商业银行的职责是不一样的，它是一个独立的机构，不能变成一个商业机构。它是货币政策的制定者与执行者，任何国家的央行地位都是不能动摇的。

央行不像商业银行，它没有经营目标，它的使命就是发行货币，控制信贷规模，促进经济增长，所以必须保证它的独立性。央行本身是一个管理货币的独立机构，而不是经营机构。

比如为了保障美联储的独立性，美国规定总统无权来任免美联储主席。美联储主席任期 8 年，而美国总统任期只有 4 年，这个制度如此设计就是为了保证美联储的独立性。

货币的功能与归宿

货币是一个很中性的东西，没有好坏之分，可以变成资本，可以变成更多的财富，可以用作正常的消费，也可以作为一般等价物。所以，货币的功能很神奇，每个人的用法都不一样。

面对如何用好钱，有两种选择。第一，满足基本的消费需求；第二，进行财富管理，交给专门的机构去管理。银行的很多产品，比如信托、股票、债券、基金，都是为此而设计。

货币周转的速度越快，使用效率就越高，所以把钱放在家里不如放在银行，放在银行不如放在交易所、证券公司，或者作一些投资。只有在市场上不断去运用、周转、产生效益，货币的功能才会体现出来。钱放到家里是最安全的，唯一的风险就是通货膨胀的风险；放到银行里可以生息，作一些其他投资可能会产生风险，也可能会产生收益。但是这本身就是钱的功能，它就是不断在流动中体现价值。

分析股票，最重要的是考察公司的盈利能力。不仅是现在，还有未来盈利的走向，业绩是不是越走越好，是不是在往上增长，所以这是决定公司股票价格最重要的一个因素。但同时决定公司盈利还有很多其他因素，包括行业的发展前景，公司在这个行业的地位，在行业中的实力，等等。

一个国家的货币实际上相当于一个国家的股票。究其原因，主要在于这个国家经济增长的前景是货币价值的最大决定因素。如果经济增长前景好，那么这个国家的货币就会逐步变强。关于这个国家的经济增长情况都会反映在货币汇率上。

10

「中国

的改革升级需要
货币经济的推动」

徐刚
中信证券董事总经理

欧盟和欧元的探索带给世界的启示

欧洲在过去几千年都处于一个辗转的状态。从几百年前开始，他们一直希望形成一个相对统一的欧洲大陆。欧盟是一个很好的突破，是一种新的国家形态。欧元应该是欧盟作为一种新的国家组织形态在货币制度方面进行的一次大胆尝试。在未来，欧盟的一体化还会不断推进。除了欧元之外，欧盟可能还会产生独立、统一的欧洲财政，统一的欧洲外交，甚至是军队。这样，在欧洲地区从一个分散的国家形态向统一的国家形态演进的过程中，欧元起到了经济一体化的推动作用。

人类文明的发展具有地区的独特性，所以欧洲地区的这种形态不能完全复制到全球其他地方。比如东亚地区，出于历史的原因以及其他原因，就很难简单地复制欧洲的统一方式，中东地区也一样。所以，世界一定是丰富多彩的，绝不可能依靠简单复制来解决问题。

欧洲经历过两次世界大战，但却能在过去的 60 年里迅速崛起。欧盟在过去

60 年给人类文明带来的最朴实的价值，就是用和平的手段使一个新兴的国家联盟诞生了。我们可以借鉴他们如何用和平协商的方式，去解决国家之间的争端，然后形成新的国际条约，这是欧盟带给我们的新智慧。

过去的几千年里，欧洲处于一个战争不断的状态。20 世纪的两次世界大战对它的伤害更大。所以，两个存在世仇的国家——法国和德国——能够肩并肩走到一起，并且决定形成一个统一的欧洲共同体和欧洲联盟，这应该归功于它们反省、反思、总结历史的能力。这是欧洲 60 年给我们带来的新启示。

有人说，这么分散的欧洲都能统一货币，那将来世界也可能出现一种统一的货币了？要想回答这个问题，我们必须要先思考一个关于经济制度的基本问题。

现代社会在过去的 100 年时间里，关于经济制度的建设，始终有两种观点争论不休。在 20 世纪 20 年代，市场社会主义学派的代表人物波兰经济学家兰格、美国经济学家勒纳等人认为，中央政府可以扮演瓦尔拉斯均衡中的拍卖者角色，通过制定有效的价格体系在公有制基础上进行市场竞争，达到最优的资源配置。市场经济不一定需要私有制，公有制下一样可以发挥市场的功能。另一派，以奥地利学派的米塞斯和哈耶克为代表，他们认为中央计划者不可能掌握制定价格体系的信息，只有私有制下的市场才真正具备价格发现功能。因此，私有制基础上的市场经济才能够达到最优效率。

从欧洲的角度讲，用欧元替代原来的主权货币，是朝向世界货币发展迈出的一大步。如果用一个统一的欧洲联盟、欧洲政府、欧洲央行，甚至统一的欧洲财政部来管理欧洲经济，则应该更有效率。但是任何的经济组织方式，都不能没有竞争和自由。如果任何一种事物失去了竞争，失去了市场化选择，那最终一定会演变成无效率，欧盟也是一样。哈耶克在 60 年前写过一本书，叫作

《货币的非国家化》，他认为货币不一定非要是国家的，一个国家内部也可以有很多货币进行竞争。欧盟现在正从一个完全市场化的极端，走向一个统一的大市场。未来，随着市场的发展，人们选择的多样化，欧盟也会有新的形态。因此，欧元和欧盟的很多制度安排要放在世界竞争的大背景下才能看出其生命力。

完全独立的中央银行是不存在的

当今，各国货币的最大问题在于货币的管理者，即中央银行。中央银行肩负发行货币的责任，它的能力直接决定一国货币体系的成败。有能力肩负起货币发行管理责任的央行往往对滥发货币保持高度警惕；没有能力肩负起这个责任的央行，往往最后会带来灾难。国家间的货币竞争是约束一国央行不负责任行为的重要条件。当前多元化的国际货币体系也应该是多种形态竞争的产物。在某一个阶段我们为了消除交易成本，可以把过多种类的货币精减为相对少形态的货币。但是从更长远的角度来讲，货币之间应该保持竞争关系。只有竞争才能使最优秀的货币脱颖而出。

关于中央银行如何执行货币政策这个问题，在美国主要分为两派。凯恩斯主义者认为中央银行可以肩负起调控经济的责任，即通过所谓的相机抉择（或者某种货币政策规则，例如著名的泰勒规则），在经济存在过热风险的时候，紧缩货币供应；在经济隐入萧条时，放松货币供应以刺激经济增长。但弗里德曼经过对美国 1867~1960 年近 100 年货币史进行研究后得出的结论是，货币确实很重要，对实体经济影响很大，但是中央银行的调控往往是导致经济不稳定的原因，没有中央银行家有能力精确估计货币政策的实际影响。他提出，中央银行只能做一件非常简单的事，那就是每年按照一个固定的增速扩大货币供应量，而这个工作可以由"计算机"完成。

央行的货币政策一直是极富争议的问题，比如就美国来讲，大家都认为美国的中央银行具有独立性，它肩负着调控经济的责任。但实际上也有很多人怀疑，为什么格林斯潘和伯南克有超越常人的能力，能够判断经济现在在下行，因而要放松货币供应，或者判断经济在上行，因而要收缩货币供应？为什么他们比所有股票投资人、债券投资者、企业更具备预测未来的能力？

另外一点是央行的独立性问题。通常经济学家的模型假定中央银行家是政治中立的，他们只是客观地对经济数字反应。但是很多人也提出，央行可能有其政治立场，例如，可能为了帮助某一位总统连任而采取宽松的货币政策。所以，任何国家的中央银行其实都不可能完全独立，它一定是服务于政权和政府的。政府出于政治或经济的原因需要扩张经济的时候，中央银行一定会配合。政府需要紧缩经济的时候，中央银行也一定得配合。美国历史上曾经出现过不配合的中央银行行长，但是很快就被美国政府革职。所以完全独立的中央银行实际上永远是一个梦想，不可能实现。

每一个国家只要成立央行，都会让央行有不同程度的独立性。但是央行永远不会完全独立于政府，它一定要为政权服务；它作为一种上层建筑，一定是为更大的上层建筑服务。

未来中国一定会出现货币化的社会

货币就是一般等价物，是在交换过程中人们共同使用的媒介。这个媒介的形态可以是多样的，可以是刀币或贝壳，可以是一个实物，可以是一个计量的东西，也可以是一张纸。金银最后被大多数国家采纳为一般等价物，是由它的物理特性所决定的。后来又出现了纸币，国家的强权赋予了纸币一般等价物的功能。现在用得更多的是电子货币。

中国的纸币出现得很早，在北宋时期就出现了交子。因为封建经济发展得很早，也很强大，用于普通意义上实现商品交换、财富储藏功能的货币，发展得很快。后来出现的山西钱庄，是现代银行的前身。

然而，我们缺少的是资本主义经济萌芽，以及后来资本主义经济的发展经历，这些过程的缺失导致现代工商业、现代金融业没有在中国诞生。但就货币本身而言，中国并不落后于任何国家。

现代意义上的经济学是伴随着资本主义在欧洲的兴起而发展起来的。它最早就是讨论怎么更多地通过国家的经济政策使国王的财富增值，经过 300 年的演变，最后发展到现代高度发达的程度，诺贝尔经济学奖的影响力已经和传统的自然科学奖并驾齐驱。所以现代经济学的发展实际上是伴随着资本主义经济而发展的。公司的兴起、财富的增长、工业文明的出现、航海技术的突破，所有这一切的产生，带来了货币和货币经济形态的变化。所以，中国没有出现现代意义上的货币学说，原因就在于中国缺少资本主义发展的过程，以及在这过程中伴随而来的经济成果，如公司兴起、财富增长、工业文明的出现等。货币本质上还是一种生产关系。生产关系受制于生产力的发展，生产力没有发展到这个阶段，就不会出现现代货币这样的生产关系。

欧洲在200年前其实与中国一样，都是国王和教士处于最顶层，做生意的人处于很底层。但是，欧洲在200年前发生了工业革命，出现了资产阶级革命、君主立宪，之后有产者或资本的所有者成为社会的主要领导力量。但是在中国传统观念中，"士农工商"，"商"一直排在最后，所以对于商业、金融、金钱始终带有丑恶或者腐朽的认识，"商"并不被认同为这个社会的主流价值。面对"士农工商"的传统观念，中国要作的最大调整就是要承认财富，并认可通过非农业的方式获取财富。

西方在这方面解决得很好。在商品经济和市场经济发展到这么高级的一个阶段，已经完全实现货币化，但仍然保留着宗教。基督教文明产生于农耕阶段，但在如今这样高度货币化社会里依然还存在着，还在沐浴着现代人的心灵。对于中国人来讲，未来货币化的社会一定会出现，那么沐浴中国人心灵的东西究竟是什么，其实是现在需要寻找和反思的问题。宗教信仰这些终极价值会深刻影响人们世俗生活中的很多价值决定，从而对经济活动的效率产生重大影响。

市场经济本身是一种契约经济，一种交换经济，没有严格的法律作支撑，根本就发展不起来。所以中国未来经济的高度货币化、市场化，一定伴随着法律和上层建筑的高度发展，这一点是毋庸置疑的。

某种程度上通货膨胀就是一种税收

温和通货膨胀有利于经济的发展，但恶性通货膨胀肯定会导致社会和经济的混乱。温和通货膨胀会使民众有货币幻觉，会促进消费，然后促进更多的投资，从而促进经济的发展。但是，温和通货膨胀的程度很难控制，演变成恶性通货膨胀可能就是一夜之间的事情。所以很多国家对通货膨胀本身都持一个相对否定的态度，更不用说温和通货膨胀了。

当一种货币出现通货膨胀，实际上它作为货币的竞争力就在下降，那么普通民众就会选择一个更具有竞争力的替代物来替代这种货币。如果在资本自由流动的国家，人们会把本国货币兑换成没有发生通货膨胀的其他国家的货币。在资本不能自由流动的国家，人们会以其他的实物资产储存财富，比如黄金、房产等。

通货膨胀是如何将老百姓的财富逐渐稀释、越变越少的？如果一个国家的存款利率是1%，存期一年，存100元钱一年以后可以拿到一块钱的利息。但是如果通胀率是5%的话，那么一年之后，社会商品的价格都涨了5%，而利息只有1%，实际上财富就会缩水4%。这个缩水的4%被谁拿走了呢？是被其他从商品价格上涨的过程中受益的那些人拿走了。

普通民众面对通胀比较被动，而且在某种程度上通胀就是一种税收，是富人对穷人的一种新的剥削。因为一个社会里的财富拥有者掌握的财富多，商品价格上涨实际上对富有人群来说是有益的，但是，对于普通民众而言，他们掌握的社会资源和财富少，商品价格上涨让普通民众被动地把一部分的利益过渡给了富有人群。如果一个国家主动采用通胀的政策，国家可以从中得到一定的好处，但是受损害的是老百姓的利益。因为这个原因，在现代意义上的国家，通过通货膨胀来刺激经济都面临很大的政治风险。

汇率波动的背后是国家实力间的博弈

在布雷顿森林体系解体之前，汇率问题其实非常简单。各国都以黄金为本国货币的储备金，有多少黄金发行多少纸币。而且，各国货币之间兑换也相应都比较简单。布雷顿森林体系崩溃之后，各国在货币发行时都斩断了与这些货币背后的硬通货——黄金之间的一对一的数量关系，这样货币就变成了一种依赖国家主权信用的东西，发行货币成为一种政府的权力。所以现在的货币，某种程度上是以国家主权、国家能力为背景的一种债券、一次背书、一张纸，这张纸背后可能写着"美国"、"中国"或"欧洲"。

没有了金本位，世界汇率体系变得很复杂，主要就是因为大家不知道该怎么衡量纸币背后的东西。这在布雷顿森林体系解体之前很好衡量，因为背后都是黄金。而现在一美元的背后是美国政府，美国的政治、军事、经济、文化。现在汇率的波动变得非常剧烈，就是因为现代的货币已经脱离了原来的金本位制。汇率在某种程度上已成为各国实力的竞争。

未来这种竞争状态会长期存在下去。某一个阶段可能会有一个相对强势的货币，因为这个国家在这个阶段的世界经济中，力量最大，实力最强，最有可信度，所以大家都用这个国家的货币作为交易和储蓄的工具，其他货币处于相对边缘的状态。但过了几十年、几百年，另外一个国家的实力在增强，它的货币就变成一个相对主导型的货币，其他货币则相对边缘化。

在某一个阶段竞争力最强的国家的货币，就会成为国际社会的主导货币。如果这个国家的经济和各方面的竞争力开始下降，那么它的货币竞争力也随之下降，汇率也开始下降，更多的投资者会抛弃这种货币，去选择竞争力相对更强的国家的货币。所以在国际上，货币存在竞争的关系。在一个国家内部也是如此，我们要创造更多品种的货币和货币替代物，让老百姓有更多的选择。如果只有一种货币形态，比如存款，那么一旦出现通货膨胀、货币贬值或者其他问题的时候，就没有多少选择的余地了。相反，如果你有更多的选择，比如存款、债券、股票、期货、黄金等，就可以避免因为货币自身的价值变动所造成的损害。

货币能否刺激经济取决于货币发行的度

制造密西西比泡沫的法国人约翰·劳，相信很多人都不会陌生。在他生活的那个时代，他极力鼓动法国政府发行纸币，最终导致泛滥成灾，造成危机。约翰·劳的所作所为经过了将近200年，直到凯恩斯的《通论》出版之后，各个国家的政府才知道，原来货币可以用来刺激经济。政府可以使用货币政策，可以多发一点儿货币，让老百姓有货币的幻觉，从而更多地去消费、投资，创造更多的国内生产总值。60 年前凯恩斯理论被各个国家所接受，出现了现代的宏观经济政策，现代的中央银行，现代的货币政策，以及"二战"后美国的繁荣。但是，滥发货币的危害也是巨大的。200 年前，约翰·劳促使政府过度发行货币，创造了一个巨大的泡沫；2008 年，美国发生的次贷危机在本质上跟约翰·劳的做法如出一辙，都创造了一个巨大的泡沫。

由此引发了人们关于货币的反思：货币发行的锚在哪里？如果想用发行货币来刺激经济，如何掌握发行的度？这个问题目前还没有答案。发行货币有好处，可以促进国民经济增长，可以带来老百姓生活的提高，但是一旦过了这个度，就变成了恶性通胀，变成了一种泡沫，最终伤害的还是老百姓。那么这个度究竟在哪？怎么控制？谁来控制？

货币原来与黄金挂钩，有多少货，就发行多少币。金本位时代的结束以及货币政策的出现，决定货币发行量的"那只手"不再是黄金，而是国家经济的总量，这个度如何把握关乎货币诚实性的问题。如果货币不诚实，就会引发通货膨胀，甚至造成经济崩溃。

11

「欧债

危机的
解决之道」

诸建芳

中信证券首席经济学家

欧元区最大的问题在于财政不统一

欧元区目前最主要的问题是财政不统一，或者也可称为主权多元化。欧元区虽然货币统一，但各国主权还处于分散状态，一些政策的协调方面也存在很大的问题。比如欧债危机应当如何救援，协调的成本就很高，而且很难达成一致。

欧债危机的起因当中也有这方面因素，即欧元区各个国家没有一个很好的规则，来约束每个国家的财政方面的作为，所以各国都债台高筑。

因此，由于欧元区政治方面没有达到高度统一的状态，虽然看上去好像是一个统一的经济体，但是从政策的实施上来看却并不是这样。

欧债危机与通货膨胀

现在欧洲央行面临的主要问题是解决银行体系的流动性问题。欧洲的银行体系大量持有重债国家的主权债，主权债现在评级降低，存在着违约风险，如此一来银行的信用等级就受到威胁，而且也可能产生资产恶化和挤兑的风险。现在欧洲央行进行一些流动性方面的政策调整，都是意在缓解银行体系的流动性。

从短期来看，通胀的可能性较小。2008 年爆发全球金融危机，2009 年从全球范围来看，各国央行都在迅速地增加流动性，货币政策都是极度宽松。但是，2009 年的通胀并不是很突出，实际上通胀水平也很低。经济比较低迷、大家对前景不看好的情况下，即使大量增加流动性，通货膨胀压力也不会很大。

但是如果全球经济开始渐渐复苏，甚至主要国家经济走势强劲，那么在这种情况下，过度发行货币和增加流动性，会明显反映在通货膨胀预期上，通货膨胀的压力很快就会增大。

2008 年金融危机时，中国启动了 4 万亿的投资计划。2009 年年初，货币政策放得很松。新增贷款 9.5 万亿，显示信贷政策非常宽松；货币供应量迅速地上升，增速接近 30% 左右。通货膨胀压力后面就逐步体现出来。2009 年虽然没有太多、太明显的通货膨胀压力，但是之后一定会反映得比较明显。

欧洲也是这样的状况，短期内不一定会出现通货膨胀，但是货币的过量投放，到后面经济复苏以后，一定会产生出明显的通货膨胀压力。

历史上比较严重的通货膨胀，一次发生在 20 世纪 20 年代的德国，一次发生在新中国成立前。最近一次比较严重的是津巴布韦的恶性通胀。

大家知道通货膨胀的后果比较严重，为什么还会制造或者客观上产生通货膨胀呢？除了人们对通货膨胀的认识有偏差之外，政府对经济情形的判断也有局限性。任何一项政策既有有利的一面，也有不利的一面，是否采取取决于政府对经济情形、政策利弊得失的权衡。比如 2008 年金融危机发生以后，全球经济迅速跳水，进入衰退的状态。在那种情况下，通货紧缩可能比通货膨胀的状态更危险，后果更严重。

为什么呢？因为一旦发生经济通货紧缩，就业状况、政府的财政状况、企业的盈利状况都会全面地恶化，老百姓所承受的痛苦可能会比通货膨胀的时候更严重。相比较而言，如果老百姓有工作做，即使通货膨胀高一点，生活质量可能会下降，但还是可以过下去。如果没有了工作，他们的收入没有了保障，基本的生活都将很难维持。从政府来看，像 2008 年全球金融危机带来的经济衰退，首先要解决的就是要维持一定水平的经济增长，遏制经济衰退，防止出现严重的通货紧缩。

欧盟目前应对债务危机的措施还远远不够

欧盟目前为应对危机基本上采取了两方面措施，一是采取保险的办法，如果购买这些国家的债券，欧洲稳定基金向其提供保险，一旦这些债券出现问题，就会得到一定比例的补偿；第二，成立一个特殊目的的机构，通过这个机构发行债券，用筹集的资金解决银行放款方面的问题。

从根本上来看，要解决债务危机就必须做到以下两点。第一，实现经济比较强劲的增长，通过经济增长来慢慢吸收掉债务方面的压力。第二，把目前已有的比较高的富裕水平降下去，通过这种方式来缩减财政方面的开支，减少福利，慢慢把债务情况缓解。但是这两条要做起来实际上非常困难。

希腊问题，备受世人关注

欧债危机表面上看是主权债务危机，但是背后实际上是银行业危机。因为欧洲的银行大量地持有欧洲五国的主权债务。如果某一国违约或者破产了，那么对德国、法国和其他欧洲国家的银行业会是一个重大的冲击。虽然希腊并不大，债务的绝对规模也并不大，但是一旦这张多米诺骨牌倒掉，很有可能会引发连锁反应，使欧洲的整个银行业出现重大问题。因此，德国、法国才会极力地救援希腊。

但如果顺着这个思路下去，很可能最后是一个无底洞。不断地救援，问题可能还是得不到解决。所以，对希腊的救援行为不排除最后终止的可能性。从目前情况来看，希腊最终违约的风险比较高。

欧洲经济前景堪忧

欧债危机可能短期内无法彻底解决，而且欧元区现在累计的债务余额非常庞大。即使现在不再出现赤字，财政方面要保持收支平衡的状态，需要偿付的债务额还是很多，而且要在经济增长相对比较好的状态下才能实现。

重债国家为了获得救援，财政必须紧缩，但一旦这样，对短期的经济会有一种很大的制约。所以从欧洲目前的债务状况来看，欧洲经济前景并不乐观。

如何实现经济增长与防止通货膨胀的双重目标？

中国目前比较严重的通货膨胀，实际上就是 2008 年第一次大力度地增加流动性之后的副作用。在大力度刺激经济时，需求方面也会迅速地增加，甚至会超出潜在的增长状况，所以过多投入的货币就会产生通胀。中国的情况，除了这个因素，还有一些结构性的因素，如农产品价格，有所谓的猪周期这样一些因素的干扰。

为应对通货膨胀的压力，首先要改变过去极度宽松的状态。宽松的货币政策实际上是在危机中采取的非正常手段。既然现在经济回归到一个基本面，政策也要回到正常的状态。M2 过去最高达到 30% 左右，现在逐步回到 14%~15% 的水平。

作为一个政府，它希望追求经济持续发展，同时预防通货膨胀，希望经济增长相对高一点儿，通货膨胀相对低一点儿。但在政策上要实现这个目标有很大的难度。为了让经济增长跟通货膨胀保持比较协调的关系，就要使实际的经济增长跟它的潜在增长基本处于一致的水平，也就是把经济增长控制在潜力增长水平上下。这样，既能够使增长潜力发挥出来，又不会导致需求过旺，对通货膨胀产生明显的刺激。

人民币的升值与国际化

对于汇率，国际上给中国施加很大的压力，他们认为人民币处于过度低估的状态。由于这种低估，使得中国的出口竞争力表现得很强大。人民币究竟有没有被低估呢？或者说需不需要大幅度的升值呢？

从中国目前的情况来看，人民币从汇改以来已经有比较显著的升值的幅度，人民币已经接近合理的水平。

中国出口竞争力比较强。一方面改革开放 30 年以来，中国的制造业有较大的提高，尤其在传统的领域中，比如纺织、家电等方面。另一方面，出口竞争力强跟要素价格低估有很大关系。比如，人工成本相对还处于偏低的状态；资源消耗成本低，资源税还没有普遍征收，这方面成本也没有反映在企业成本中。另外企业目前没有完全支付环境成本，或者只支付了部分成本。由于这些成本没有考虑在内，所以导致商品出口价格较低，形成一定的国际竞争力。

如果把这些要素价格进行重估，加到企业成本当中，那么企业目前的竞争力可能会下降到相当合理的水平。所以，要对国内政策进行一定调整，如进行要素价格改革就可以达到缓解人民币升值压力的目的。换句话说，人民币目前的升值压力可能不会存在，或者没有那么大。

人民币国际化是一种趋势。新兴经济体的地位在上升，在新兴经济体中，中国是比较重要的代表。随着这种经济格局的演变，中国的国际地位、经济实力在国际舞台上逐步增强。在这个过程中，人民币国际化是一个必然的趋势。

亚元出现的可能性非常小

"亚元"出现的可能性微乎其微，原因在于：

第一，要在亚洲统一货币，首先经济、金融状况，国家之间的差异要比较小才行。但和欧元区相比，亚洲的差异性更大，条件也很不成熟。

第二，需要政治上有一定的意愿，即走向一体化的强烈意愿。现在亚洲地区很难找到一个共识。尤其像中国、日本，谁能扮演龙头的角色现在也没有一个定论，两方处于一个竞争的状态。

第三，由于欧元作为一个实践的角色，遇到了危机，亚元走欧元的老路，前景不被看好。欧元区已经酝酿了很长时间，又实践了很长时间，它的经济、金融的差异性比亚洲地区要小得多，政治意愿也比较强烈。即使有这么好的条件，它还面临目前巨大的困难，所以从亚洲地区来看，亚元出现的可能性将非常小。

MONEY

下篇 端详世界格局

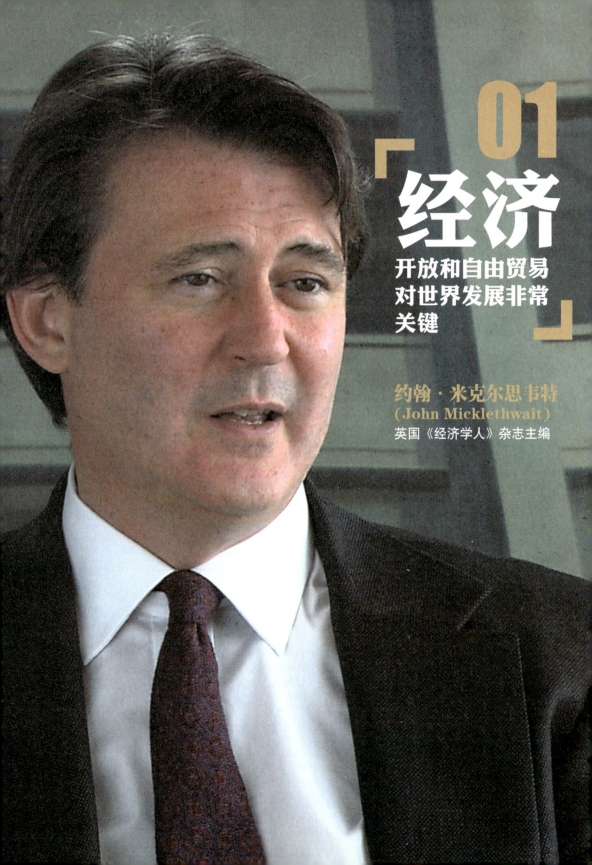

01

经济

开放和自由贸易
对世界发展非常
关键

约翰·米克尔思韦特
(John Micklethwait)
英国《经济学人》杂志主编

用巨无霸指数来评估汇率的合理性

不仅汇率会根据各国之间贸易量的变动而变动，同时人们也会对汇率进行投机。巨无霸汉堡包到处都可以买到，从北京到巴尔的摩到孟买，并且制作它的原料都是来自当地。在考虑相对价格的时候，从一个国家的一种货币看巨无霸的成本价格，然后与另外一个国家的巨无霸价格进行比较，就可以衡量出两国的汇率。

从巨无霸汉堡包指数可以看出一种货币相对于另一种货币是否存在汇率过高的状况。与所有创意和聪明的想法一样，我们不能对这一指数要求过于苛刻。很多学者写文章批判其准确度，但它只是一个指标，一个很好的指标，它能够反映出失去平衡的汇率。

巨无霸指数与《广场协议》在时间上确实有联系，因为当时货币就是新闻，现在货币又成了新闻，我们在经济历史中经历了很多阶段，这些阶段中货币都起着很大的作用。

货币是经济中的一剂苦药，让政治家非常头疼。我们也可以看到，货币象征着一个国家的地位。

除了汉堡包，实际上目前还没有找到一个更有效的参照物，因为汉堡包在全球都可以买到。如果要找到一种便宜而普遍的参照物，巨无霸就是最理想的选择。很多人也想到了星巴克咖啡，但它没有巨无霸那么普遍。此外，它的原料成分种类也不多，只是咖啡。曾经有一个印度人建议应该以水泥作为参照物，因为在不同的新兴市场国家都需要建设房屋。这就是我们始终在探寻的，试图将复杂的观点转化为非常简单的概念。

还有人建议用黄金作为参照物，但其实黄金并不是一个很好的参照物。这种金属非常贵，而且它的价格是国际价格，时不时也会发生变化。但巨无霸不是这样，因此巨无霸是更好的参照物。

汉堡包指数在创立的时候，就颇受世人欢迎，因为这是一种非常基本、很难去造假的指数。它告诉人们不同的国家基本购买力是多少，这非常有价值。我们在分析一国经济时，往往会去看官方数据，但同时也会去关注非官方的指数。比如前美联储主席格林斯潘曾经研究过男士内裤的销售量，因为他认为从中可以看出一国经济的表现——如果男人担忧未来的经济状况，就不会经常买内裤。

每一个财长、每一个央行行长，他们在掌握一些官方经济数据的同时，也掌握一些非官方的数据，他们非常喜欢参考这些数据。一位政治家曾经研究不同国家首都的税务发票，他收集了来自伦敦、纽约、巴黎各个城市的 20 种税收发票。从这些发票去看各国的经济状况，这也成为经济指标之一。

人们喜欢汉堡包指数的另一个原因就是它可以透视真实的汇率情况。

世界金融中心之一——伦敦

伦敦是欧洲的金融中心，并且很长时间一直是世界金融中心，因为它非常开放，对移民敞开了大门。尽管英国存在等级制度，有时也难免排斥外来者，但总体来说外来者还是受欢迎的，很多犹太金融家在这里赚取了财富。在这方面，纽约做得也很好，很多来自各个国家的移民，都认为他们可以在纽约挣到钱，可以从事贸易。而伦敦始终是这方面的佼佼者，因此伦敦成为一个强大的金融中心。这也解释了伦敦为什么会如此领先。

当然，伦敦的金融地位也一直在变化。起初，它是一个贸易中心。英国曾经是一个海上大国，十分注重发展航海业。一些原始的公司也是在英国建立的，比如东印度公司。后来英国逐渐成为一个帝国，而伦敦作为一个金融中心，统领着帝国贸易。因为有大量工业机器的支持，所以人们把英国看作世界工厂。

"一战"之后，英国失去了经济霸主的地位，伦敦却仍然没有失去金融中心的作用。因为人们已经习惯在伦敦从事金融业务，"二战"之后的很长时间内也是这样。

20世纪80年代，伦敦开始对其金融实行去监管化，纽约紧随其后。于是伦敦很快成为纽约之外的世界金融中心，并且一直保持着这个地位。一个原因是它仍然十分开放，而另一个原因则是聚集效应。因为基础已经在那，很容易就能够在伦敦雇用到一个衍生品交易商；在伦敦雇用一个投资银行也非常容易，并且雇用投行的成本也更低。

英国为什么没有加入欧元区？

英国与欧洲的关系总是很模糊，主要是因为英国不在欧洲大陆，被海峡隔开。丘吉尔曾谈到过"欧洲联邦"，但当欧洲联邦建立的时候，英国却没有收到加入的邀请。戴高乐将欧洲联邦完全当成一个法国和德国的联盟。20世纪70年代的时候，英国仍然没有加入欧洲联邦，从此之后，英国与欧洲联邦的关系就比较疏远。

英国有很多"欧洲怀疑论"者，他们可以分为不同的群体：一些人就是不喜欢被其他国家左右，还有一些人不赞成欧洲的大政府观念。英国比其他欧洲国家更加倾向于美国模式，不希望通过政府监管来解决问题，但这却是目前法国、德国、意大利、西班牙所采取的解决问题的模式。英国也曾有加入欧元区的轻微倾向，但不仅整个保守党反对这种做法，大部分的工党人也投票反对，因此这种想法最终没能成行。

事实上，欧洲的金融中心并不在欧元区，法兰克福和巴黎试图拥有与伦敦同样的金融地位，但都没有成功。因此颇让人感到惊奇的是，伦敦仍然是欧盟之外的欧洲金融中心。

在经济史上，英国的重要地位在于，英国是以一种经济开放的模式呈现出来的，这与公司很类似，特别是贸易方面。思想方面同时存在洛克的君主立宪论和亚当·斯密的自由主义，这两种观点极大地推动了英国的前进。即使是在英国的贸易体系还不完全自由化的情况下，经济学家已开始在英国倡导自由贸易。

02

「人民币
成为国际货币的
必要条件」

罗宾·布
(Robin Bew)
英国《经济学人》杂志首席
经济学家

美国经济与日本经济的较量

　　20 世纪 80 年代，日本经济处于快速增长的阶段，成为美国的强劲对手。日本的工业化速度非常快，这使得美国很多公司都十分担忧它们在全球的业务会受到日本公司的挑战。在 20 世纪 90 年代早期，日本经济泡沫破灭，从那之后日本经济的表现一蹶不振。但美国经济这整个期间的表现都很好，秘诀就在于美国经济高度的创新性，使它能够很快适应世界的变化。美国的公司很快就会拿出新的想法，并且付诸生产实践，而且在推陈出新方面的速度令人叹为观止，很快就会抛弃不再奏效的东西。

　　政治家以及公司在看到其他国家迅速崛起的时候，总是会担忧。担心总的财富只有这么多，而其他国家获得了较多的收益会不会对自己造成损失。毫无疑问，在 20 世纪 80 年代的时候，日本经济以及日本公司的成功，使美国感到了威胁的存在。对于威胁，人们总是想找到原因，总是认为很多东西都是不公平的。美国人认为其中一个不公平就是，日元汇率不合适，日本政府与公司的关系太好。而后来的结果证明，日本的经济模式并没有美国当时想象得那么理想，最终还是美国经济略胜一筹。

有时威胁或不公平确实会导致经济战争。但实际上，从大多数经济学家的立场来看，就业和财富都不是有限的，一个国家做得很好，并不意味着其他国家就一定会很糟糕。实际上日本的崛起，确实意味着日本公司在美国市场上的表现更好，但同时也意味着，日本为美国公司创造了一个很好的出口市场。日本经济的崛起，确实会让人感到一种政治上的威胁，但实际上对美国经济是很有好处的，为美国带来了一个新的重要市场。

目前人民币成为国际货币的条件还不成熟

目前美元是世界储备货币。毫无疑问，这给美国带来了很多优势。其中最重要的优势就是，如果需要贷款，得到的将是美元，这是非常重要的。比如，如果美国政府或美国公司需要借贷，那么它们获得的贷款就是美元，因为人们都是使用美元交易的。他们还可以去外国借款，得到的也是美元。最典型的例子就是，中国政府为美国提供了大量贷款，并且是以美元的形式交付。

这意味着，如果其他国家需要从外国借款，就必须兑换成本国货币，这会带来很大的麻烦，因为很难控制利率和汇率风险。而对于世界储备货币的所在国，美国并不存在这些问题。

一个很好的例子就是东欧的匈牙利，它的很多借贷都需要用欧元来结算。

毫无疑问，如果欧元汇率变动很大，就会导致匈牙利公司还债的时候遇到很多困难。但美国就没有这种问题，因为都是用美元结算。因此美元作为世界储备货币，会给美国带来很多实质性的优点。

但同时也意味着借债很容易，甚至会出现过度借贷。目前美国就是这种情况，所有的迹象都表明美国借债太多，因此它经历了非常困难的经济时期。总的来说，作为储备货币有其优点，比如很容易借贷，而且利率很低，但可能会出现过度借贷的危险。

日元在国际上虽然被广泛使用，但不会像美元那样成为国际储备货币。一个国家要从国内走向国际，首要的是，货币从本国流向世界其他地方。因此，中国的一个限制就是，虽然中国控制着大量资金，但人民币从中国流向世界是很不容易的，从国际流向国内也是如此。从 2011 年中国政府颁布的很多政策来看，人民币从中国流向世界，然后再流回国内的进程会稍微容易一些，通过中国香港的金融体系会使得这一进程更加可行。

货币走向国际的第一步就是将货币转移到另外一个国家，日本就发生了这一过程。如果贸易很多很频繁，那么是很有益的。贸易是一个金融交易过程，要进行商品交易，人们需要支付资金，这是让货币国际化的一个重要过程。从 20 世纪 60 年代开始，日本逐渐成为一个重要的贸易国家，日元的重要性逐渐增强，主要是因为国际贸易。现在中国也已经是一个贸易国。中国在海外进行了很多贸易，目前这些贸易中的大部分都是用美元来结算的。但随着贸易量的变化，这些贸易会逐渐以人民币来结算。

其次，还需要一个重要的、规模大的经济体。如果希望其他国家持有本国的货币，首先要成为一个较大的经济体，小国是很难做到这点的。比如瑞士，或许它进行了很多贸易，是一个重要的金融实体，但瑞士的经济规模很小，因此其货币无法成为国际货币。当然，日本是很大的经济体，曾经是世界第二大经济体，现在中国是世界第二大经济体，规模很大。

最后，如果人们确实持有某国的货币，他们不能只是将资金储存着，而是需要转化为金融资产，比如股票、债券。因此就需要较大的股票市场和较大的债券市场，为人们提供很多的投资机会。日本做到了，日本有着世界最大的债券市场之一，还有很大的股票市场，很多投资交易都很活跃。

但是，中国还没有做到这一点，中国的股票市场和债券市场相对来说规模都较小，必须要变革。如果人民币要成为一种真正的国际货币，就需要具备几个因素，有的条件已经成熟，有的还没有。较大的经济体这一点中国做到了，进行大量的贸易中国也做到了。但同时还需要让货币实现完全的自由化，这点显然是中国没有做到的。中国确实正在作出改变，但这些变化的幅度还不大。

在目前的发展阶段，中国的债券市场和股票市场还没有较大流动性。展望未来30~50年，或许中国会有一种自由流动的货币，以及与中国目前的经济规模和贸易量适应的大规模的资本市场。

欧元与欧元区的未来

欧元创立的部分原因就是欧洲汇率机制的破产。在欧洲汇率机制中，英镑、德国马克以及意大利里拉都是存在的，索罗斯就利用了这一点狙击了英镑。而欧元却不同。欧元是一种单一货币，大家都使用这种货币，因此金融市场的投机者就不可能像对待英镑那样对待欧元。你无法通过投机的方式狙击法郎，因为各国使用的是同一种货币。

欧洲的很多政治家都认为汇率问题不会再出现，但实际上还是发生了。欧元区国家由于使用同一种货币，因此它们的汇率也是一致的，但它们的经济状况却不在一个发展水平上。我们看到，目前有些欧洲国家经济很不好，但它们与那些经济很好的国家使用同一种货币，这就会导致严重的政治压力。比如希腊、葡萄牙、西班牙，它们的银行业就深陷困境，政府无法偿债或是只能偿还部分债务，民众也意识到国家的经济状况每况愈下。

这就引发了一个问题，被迫退出欧元区的情况是否会发生？索罗斯无法通过投机交易让一个国家退出欧元区，但一些国家的经济状况实在太差，政府可能会因此决定退出欧元区，而且没有什么可以阻止一个国家这么做。

因此，人们都在探讨有没有其他措施能够巩固欧元区。但考虑到20世纪90年代早期英国在加入欧洲汇率机制时发生的情况，很多人就会庆幸英镑没有加入欧元区。再考虑目前欧洲出现的问题，这与英国人记忆中的20世纪90年代的情况还是比较类似的。英国近期内是不太可能考虑加入欧元区的，有些国家退出欧元区的可能性反而更大。

欧元如果要继续存在下去的话，就需要在欧洲范围内有一个统一的财政政策，在各国政府的支出、税收方面实现更多的协调。与此同时，要建立一个统一的债券发行体系，这样各国就可以统一借贷，在欧元区内实施统一的支出和税收政策。尽管它们可以选择这些措施，但欧洲很多国家都不希望采取这些措施。比如德国肯定非常反对与希腊等国采取统一的财政政策，因为这些国家几乎要破产了。

但是各国仍然可以作出自己的选择，最终有的国家可能会退出欧元区。毫无疑问，这不仅对于退出欧元区的国家来说是一种灾难，对于仍然处于欧元区的国家也是一种灾难。德国、德国银行给希腊提供了很多贷款，法国银行也给希腊提供了大量贷款。如果希腊退出的话，就会给这些提供货款的国家带来巨大的经济损失。因此退出欧元区虽然是一种选择，但欧洲的政治家们都在避免作出这种选择。

欧元区国家需要做的就是承担共同的财政职责，这样欧元区就能团结起来。唯一的困难就是，需要很多国家共同认同，而这种认同是需要时间的，但金融市场往往不会等待这么长时间。因此，如果要预测欧元的未来，那么或许欧元区国家会有一些共同的财政困境，这会让欧元区统一起来。但他们需要加快步伐快速做出决策，否则的话，欧元的未来就会一片黯淡，有的国家将会退出欧元区。

「后危机
时代商业银行的
风险监管」

布莱恩·凯普兰
(Brian Caplen)
英国《银行家》杂志主编

银行的生存之本是储户的信任和有效的监管

银行要赢得储户的信任，第一，要公正对待所有的储户。英国银行推出的很多金融产品中，银行考虑的只是短期利益，而不是与储户的长期关系。第二，在银行内部还需要实行很好的监管，银行的员工要意识到他们的首要任务就是维持整个机构的公正，而不是只关注短期利益。最近引起关注的一件事就是，与银行脱节的银行董事会高级管理人员，他们了解银行业务，但缺乏危机意识。因此需要确保银行董事会的人都是有能力的人，质询与监管执行总裁或主席关于银行的经营策略，加强银行的危机管理。

外部专家不应该对银行业务产生较大影响，他们不应该考虑银行是更多地向抵押贷款业务发展还是向储蓄银行发展，这些是管理人员的任务。他们需要监控战略，需要评出哪些是稳定的业务战略，或者评估增长是不是太快。因为银行在危机爆发之前往往会发展过快。他们应该向银行员工询问他们的奖金如何，比如他们的奖励是不是基于短期利益而不是长期利益考虑。

很多人在 2008 年金融危机之后认为，银行没有受到很好的监管，这在某种程度上是正确的。但银行体系始终都是有监管的，银行业在整个经济中比其他领域的监管总是要多，比如汽车制造业、农业以及其他领域。银行业的监管总是最多的，这出于很多原因，或许人们并不希望银行扩展太快、陷入困境。然而在世界经济中，银行业的危机通常都与流动性过剩有关。在此轮危机之前，就出现了过剩的资金流动，特别是亚洲很多资金都流向美国债券市场。

银行喜欢用其资金进行风险投资，建立不同的投资组合，或许它们并不完全了解具体情况如何，也不完全了解这些投资组合，实际上监管机构也不了解银行。在金融领域，很多新的技术都没有在银行和监管机构身上得到应用，因此不幸的是，我们只有在遇到困难之后才学到经验，导致银行业出现很多问题。现在监管机构正在进行重组，英国改变了监管的结构，改变了银行可以持有的资产结构，改变了流动性监管。

从历史上来说，银行发展遇到困境是很常见的。比如 20 世纪 80 年代拉丁美洲的银行危机，1998 年亚洲金融危机，以及俄罗斯危机等。英国和其他国家都要确保的一件事就是存款的稳定性，政府需要保证银行拥有一定量的存款储备金，它们始终要作好有人提取存款的准备。

但不需要储备 100% 的存款准备金。一个银行需要用储户的资金来作一些投资，储户也需要考虑该银行是否能够可靠地存储资金。政府也面临一些问题，要为储蓄提供担保。但它也不想失去资金，因此，政府需要制定一定的监管规则，以避免银行陷入危机。现在英国以及欧洲很多机构就得到政府的资助，因为如果没有这些资金，它们就无法生存。

由于发生了一两次危机，英国的金融机构现在又处于英格兰央行的监管之下。因为如果银行陷入困境，英国央行就要拯救，同时它也是银行的监管机构。此前它们是分开的，但现在又整合到一起。

为确保储户存款的安全，银行需要支付储蓄保险。如果某个商业银行出了问题，那么所有其他接收储蓄的同类银行就需要救助这个处于困境中的银行。当然，在危机之中，很多银行同时出现问题，在这种情况下，问题就更加严重了。在监管框架的讨论中，监管机构关注的是个体银行，却没有看到整个体系中积累的问题。因此，英国央行制定的新的监管措施中就有一个新的内容，即有一类监管机构主要关注银行业积累的问题。欧洲和美国都在采取这样的做法。

利率自由化是一柄双刃剑

如果控制利息，那么普通储户就会有损失，而银行则可以从利差中获得收入。中国目前采用的就是这种利率制度。

而在英国，利率是自由变动的。也就是说，利率主要是由英格兰银行制定，但却可以根据市场不断调整。在储蓄利息和贷款利率方面，银行在市场上可以自由竞争。但这有一个负面效应，就是在最近几年，这方面的竞争变得过于激烈。因此在危机之前，人们认为银行业缺乏竞争是问题所在，而实际上竞争却过于激烈，导致银行所提供的抵押贷款根本无法获得收益。

现在银行业的纯利差也很低，因此从这方面来看，银行业的收益不高。在银行业利益受损的情况下，消费者却处于比较有益的位置。

大多数的经济问题都是一把双刃剑，有人损失就有人受益。英国银行还需要将所获得的收益支付给股东，因此银行需要尽量提高贷款利率，使得收益最大化。但这又会让银行陷入困境，银行往往喜欢冒较大的风险，因为风险收益高。而如果一家银行为国有的话，就没有这些担忧，但国有银行还有另外一个问题，它受到政府的控制，必须要为纺织业、汽车业提供贷款，而如果这些行业出现问题，也会给银行带来麻烦。

因此没有一种完美的体系。很多人都说将国有银行和私人银行体系结合起来比较好，比如巴西有一些较大的国有银行，也有一些稳健的私人银行。如果遇到危机，国有银行就能够申请政府刺激措施，私人银行就做不到。但不管怎么说，国有银行不会实行垄断，不会让市场扭曲。

英国的利率自由化与英国自由市场的发展有关，并且已经持续了一段时间。在整个金融危机期间所有的行业都证明，市场上的利率、汇率、价格和工资都尽量要自由化。

现在大家又在重新思索，市场能否始终做出正确的决策？人们都认为不能。如果这样的话，则没有达到双赢的局面。

04

上海

成为国际金融中心
还需要15~20年
的时间

傅思途
(Stuart Fraser)
英国伦敦金融城主席

从伦敦金融城看上海的国际金融中心之路

伦敦成为金融中心的过程中，信任起着非常重要的作用。过去都是个人之间的交易，一般都是通过握手来建立信任。随着经济不断发展，法律的地位日益重要起来。在达成合约的时候，需要用法律来确保双方都遵守合约。因此英国的法律成为整个欧洲和其他地方的法律基础。

伦敦金融城大概有250家外国银行。与另外两个世界金融中心纽约和东京比较，伦敦的业务量很大，而且伦敦更具备一种王者气质。纽约是伦敦的主要竞争者，这点在国际舞台上是毫无疑问的。东京则不一样，在很大程度上，东京只是日本的金融中心，而伦敦是国际金融中心，每天都有35万人在这里工作，其中很多是外国人。这就是区别。

伦敦是一个资金流动的推动者，将资金从传统上更加成熟的西方转移到消费快速增长的东方，这是最近几年的变化。毫无疑问，这种跨国贸易是非常重要的，并且大部分的贸易并不涉及英国公司，比如我们可以在一个美国公司和一个韩国公司之间从事贸易等。伦敦金融城对贸易的促进作用是非常重要的。

上海正在被打造成国际金融中心，但无论如何取得这一地位都不是一蹴而就的事情，这是一个渐进的过程。首先要成为一个地区中心，然后才可以步入国际金融舞台。当然，要成为一个真正的国际金融中心，拥有一种国际货币是绝对的前提条件，还需要提供一种足以吸引全球人才的环境。

大概用15~20年的时间上海就能达到这一地位，这是比较合理的时间规划，也是依据伦敦成为国际金融中心的经验推断出来的。

英国短期内不会加入欧元区

英镑在世界大战之前是世界储备货币，在19世纪时是基本货币。但英国的世界地位在不断下降，因为英国是一个小国，只有6 000万人口，而美国有3亿人。作为一个小岛国家，英国无法维持英镑的储备货币地位。鉴于目前美元是主要货币，可以说英镑已经被边缘化了。

从经济的角度来看，欧盟的吸引力在于它是一个单一的市场，成员国之间没有壁垒。欧盟是一个贸易集团，可以与北美或者其他贸易集团抗衡。从经济角度考虑，加入欧盟对英国来说是上佳的选择。

但货币问题就明显更加政治化。英国是一个小岛国家，几个世纪以来都被大海所包围，因此，在加入单一货币市场方面可能有一种不同的立场。或许德国和法国可以形成联盟，但英国民众不希望加入统一的货币市场，他们不想失去英镑，接纳欧元，这是一个政治问题。

在欧洲，各国总是有自己的文化，它们对经济增长有着不同的看法。同样，各国经济发展速度也不一样，而且长期以来都是这样。当初在建立统一货币的时候没有解决的一个问题就是，欧洲另外需要一个经济增长的统一机制。因为货币可以将财富从一个国家转向另一个国家，所以，如果一国经济很成功，那么货币就很走俏，比如德国马克、日元、人民币。一国经济越成功，其他国家就越无法从中受益，经济差距越拉越大。不管这种情况会不会持续，但这就是以前和现在发生的情况。

很多国家都有着不同的经济结构，包括税收以及其他一系列问题在内。这些都使得欧元区在统一经济政策方向比较难做到。

欧元区正在经历一场巨大的危机。目前还很难说未来几年欧元区会是什么样。英国如果加入欧元区，面临的一个重要的抉择就是要统一财政。从政治的角度来看，英国是否愿意放弃其财政权力是个敏感的问题。

也不能说英国加入欧元区就是不可能的，但确实还需要很长的时间。毫无疑问，英国人选举议会作为代表，所有的税收政策都是掌握在他们所选举出的人手上，因此如果将财政向欧洲靠拢，那么议会也要向欧洲靠拢。这是一步很大的跨越，这个问题也很难解答。所以，英国目前不可能加入欧元区。

罗斯

柴尔德家族的
历史与今天

伊夫林·罗斯柴尔德
(Evelyn de Rothschild)
罗斯柴尔德家族后人

罗斯柴尔德家族的信条和事业版图的拓展

罗斯柴尔德家族事业起步时是靠良好的服务赢得客户的信任的。在伦敦这一金融和贸易中心，有很多私人银行。除了国内业务之外，伦敦大多数的贸易都是国际贸易，包括英国商品和世界其他商品的交易。这就是关键所在。

内森·罗斯柴尔德一开始从事棉布生意，还筹集资金赞助西印度的居民于19世纪初摆脱了奴隶制，取消奴隶贸易。后来他抓住建设铁路的机会，成立了基础设施公司。在他去世之前，已经完成了很多地铁项目的建设。

他也参与黄金市场交易，黄金在当时处于很重要的地位，人们不希望持有纸币，他们希望储备一些有形的资产。罗斯柴尔德家族在努力形成一个伦理结构与诚信结构，即建立一种诚信的标准。家族的原则就是协作、勤奋、正直。这些原则不仅得到家族的贯彻，与家族合作的人也会积极贯彻。

要知道，内森和罗斯柴尔德家族最初的成员出生于法兰克福的一个贫民窟。每天晚上那里都是大门紧闭，第二天早晨才会开门，因此晚上不允许在外做生意。

他们当时生活在一个封闭的社会中，能够走出这个区域并维持一个很好的家族关系非常令人惊叹。他们知道正直的重要性，以及建立一个给顾客带来信心的工作标准的重要性。

任何家族都面临着同样的挑战，即巩固家族凝聚力，共同合作，尽管有时无法完全保持一致，会出现分歧。然而，从长远来看，家族需要合作，也需要记得大家一起经历的美好时刻和困难时刻。"一战"的时候，一些罗斯柴尔德家族的成员处于不同的交战方；"二战"期间，有的家族成员需要离开家园去海外发展。因此不仅要考虑家庭内部，还需要考虑外部因素以及我们所生活的社会。

然而，我们必须知道，家族成员间的合作无法始终维持下去，因为我们需要面对世界金融市场的大环境。20世纪70年代罗斯柴尔德银行从合作公司改为股份公司，直到今天也是如此。对于罗斯柴尔德家族来说，我们一直坚持通过信贷为贸易提供资金。

随着业务的发展，罗斯柴尔德家族开始向商业银行、广告公司、并购业务以及其他增长较快的领域扩展，比如为人们提供金融服务、投资以及如何处置资产的建议。重要的是我们还在努力实现国际化，最终在世界不同地区建立自己的业务。比如20世纪60年代到中国香港拓展业务，20世纪70年代来到了中国内地、马来西亚、新加坡、澳大利亚，还有日本、印度等亚洲国家。

我们需要与市场同步，符合市场的要求。我们是提供建议的人，而不是提供资金，尽管我们确实有以资金形式存在的基金。

罗斯柴尔德家族的主要使命就是做到最好的状态，并以一种正直的态度去做，尽最大努力为个人和企业提供建议。

在"二战"之后，伦敦的银行，包括商业银行，发生了较大的改变，它们第一次协助英国一家铝业公司完成重组。之后有很多客户转变了他们的想法，发展出新的商业模式，或者是抓住并购的机会。相应地，投资银行的业务也在不断增长。2008 年的危机爆发之后，罗斯柴尔德银行是应该以原来的方式运作还是作出一些改变？是否应该将投资银行和商业银行业务分开？这些都成为今天热议的话题。

这个问题对所有国家都是一样的。我们需要与时俱进，需要一些监管，但也不能监管过度。我们需要满足客户需求，让他们有信心。2008 年危机发生的原因就是顾客的信心一开始就受到打击，政治家也没有对银行体系作应有的了解。很多问题都出在政治家身上，他们总是试图干预，却不了解情况。

罗斯柴尔德家族在中国

在 20 世纪 60 年代末，罗斯柴尔德家族与亚洲关系特别好。在来到中国之前，就已经在马来西亚和新加坡开始了业务拓展。他们帮助马来西亚政府实现了私有化，协助他们赎回了外国人所控制的土地。这是一种投入，增强了与新马来西亚政府的关系。此外，罗斯柴尔德家族与新加坡政府的联系也是很密切的。1973 年，在北京、上海设立了一家办事处。显然，中国的未来发展趋势越来越被看好。

在中国一开始从事的是黄金业务。1973 年，与中国银行达成合作。后来，双方很好地利用了彼此之间的首次合作机会。中国银行对家族很感兴趣，当时它是中国唯一的银行，也是一个希望走向海外的银行。现在它在伦敦设有分支机构，开展各种业务活动，而且非常具有前瞻性。

在中国，家族还开展了很多咨询工作，涉及汽车、钢铁等行业。

06

「大规模
经济体必须有独
立的经济政策」

阿纳托尔·凯勒特斯盖
(Anatole Kaletsky)
英国经济学家

"黑色星期三"与英国经济长达 15 年的增长

　　1990 年英国加入欧洲汇率体系。索罗斯认为英国犯了一个决定性的错误，并于 1992 年《马斯特里赫特条约》签订之后开始了对英镑的狙击。1992 年 9 月 15 日，英镑汇率暴跌，英国被迫退出欧洲汇率体系。这一天被英国人称为"黑色星期三"。

　　"黑色星期三"事件从解除英镑与马克的联系这方面看，对英国经济是有好处的。这种益处体现在两个方面。其一，短期来看，英国经济当时处于严重的衰退之中，比现在的衰退要严重得多。因为当时的利率非常高，除了那些失业的人，很多有工作的人也都逐渐失去房屋，因为他们无法支付房屋抵押贷款的利率。英镑从欧洲汇率体系中退出，解除与德国马克之间的联系，使得英国能够实行自己的货币政策，不受德国货币政策的限制。伴随着利率下降，英国经济经历了自衰退以来最强劲的增长。

　　其二，从长期来看，这是自 1931 年金本位制解体以来英国第一次感受到自我管理本国经济的职责和能力，而不是依靠外部力量的领导。

关于"黑色星期三"是如何改变人们的日常生活的，有很多描述。那一天上午的时候英镑利率从 10% 上升到 12%，下午又从 12% 上升到 15%。但在"黑色星期三"之后的一周内，英镑利率就从 15% 下降到了 8%。突然之间，对于那些在前两年一直抱怨高利率导致他们无法生存的英国人，他们的生活发生了转变。

他们又可以负担得起房屋贷款了，他们可以为孩子们买衣服、去度假等。在接下来的两年，英国的经济实现了强劲复苏，比政府和大多数独立经济学家想象的还要强劲得多。

英国政府是在"黑色星期三"发生的两年前加入欧洲汇率体系的，这是个完全错误的经济决策。自从撒切尔夫人作出这一决定之后，在接下来的 10 年中，英国经济陷入严重的衰退中。1992 年，尽管英国很多经济学家已经意识到英国经济受到破坏，但当时的英国首相约翰·梅杰仍然坚持将英镑与马克挂钩，且没有及时对英镑贬值的经济需求作出反应。

然而，就在英镑与马克脱钩之后的 24 小时内，英国政府就意识到不应再恢复英镑与马克的挂钩，并开始了一项新的经济政策。这一政策是非常成功的，此后英国经历了 15 年不间断的增长时期，即从 1992 年到 2007 年。这是英国自 18 世纪以来所经历的一次最长的经济增长时期。

英国政府从"黑色星期三"中学到了三个教训，这也是他们从那之后谨记的三点。第一，像英国或者中国这样的中等或者大规模的经济体，必须要有自己的经济政策，而不是依靠其他国家的经济政策，比如德国或者是曾经的美国。第二，要控制好本国的货币，这也是独立的国家政策的关键因素。如果控制好了本国的货币，那么也就会有一个真正独立的经济和货币政策。如果将本国货币与他国货币挂钩，就会不得不引入他国的决策，而这种决策未必会对本国民众有益。第三，要控制好本国货币。一方面要确保不会导致 20 世纪六七十年代英国所发生的通货膨胀，另一方面也不能出现通货紧缩。这就需要有一个积极、明智、结构合理的宏观经济政策，以支持货币的独立性。

人民币升值不会使中国经济步入衰退

很多人都将 1985 年之后的日本与现在的中国作比较，推断如果人民币像 20 世纪 80 年代末日元那样升值将会带来什么结果。这种对比是不合理的，因为 20 世纪 80 年代的日本经济与现在的中国经济处于完全不同的发展阶段。20 世纪 80 年代中期的日本已经是全球最富有的国家之一，它已经在生产力和生活水平方面大大缩小了此前 30 年与美国和欧洲的差距。因此，1985 年以后日本经济的增长率注定会降低，其经济注定要变弱。此外，日本人口正在经历老龄化。虽然中国也将出现这种现象，但中国至少在未来 10 年左右人口数不会降低，而日本 20 世纪 80 年代末的时候人口已经开始呈现老龄化。因此，日本经济从 20 世纪 80 年代末就开始逐渐破产，不是因为《广场协议》，也不是因为泡沫经济，而是因为更深层次的结构问题。

至少在未来 20 年中国是不会出现日本当时的那种情况的。我们都知道，未来 20 年中国将继续以 7%~8% 的速度增长，中国将与 1985 年的日本一样富有。

未来 20 年中国仍然有很多机会赶超西方国家，但日本早就没有这样的机会了。日本在 1985 年重新调整汇率的时候，其经济结构已经出现严重的问题。日本在 1985~1990 年已经没有新的投资机会了。因此日本积累的所有资金都变成了金融泡沫，土地和房产价格急剧上升，股市也出现泡沫，最终导致 20 世纪 90 年代初很多日本公司和日本银行破产。中国现在所面临的情况与那时的日本是完全不一样的。另外，即使人民币兑美元汇率上升 50%，中国的生产成本仍然是世界最低的国家之一，因为劳动力成本相对较低。但日本就不是这样了，1985 年日元汇率一提高，日本商品就变成世界上最贵的商品，在日本做生意也是最昂贵的。因此，中日的情况没有可比性。

黄金并不是很好的投资商品

从长期来看，黄金不是也不应该是很好的投资商品。尽管黄金看上去像固定资产，有一种有形的价值，这是纸币所不具备的，但仔细考虑一下，黄金本身并没有纸币的功能。因此，黄金的价值其实是一种社会协议，这与美元、英镑也是一种社会协议是同样的道理。

在过去的几年，由于人们对美元失去信心以及现在对欧元丧失信心，于是人们想要找到一种资产，这种资产不会受制于美国政府、欧洲政府或者是英国政府。但最终我们对黄金的梦想还是会幻灭。如果世界经济出现一场真正的危机，一场史无前例的危机，可能无法确定到时人们是否会愿意用手中的石油、小麦或者食品等商品来交换黄金，也不能确定人们会不会愿意用劳动力来交换黄金。因为黄金与美元一样，其价值只是建立在一种社会协议的基础上。

然而，有些资产确实有其价值，比如工业商品、石油、铁矿石，或许还有我们的农场，甚至还有房地产。它们都有实在的价值，但黄金却没有这种实在的价值。

此外，我们要弄清楚黄金是如何为人们的财产保值的。黄金现在的价格达到 1 800~2 000 美元每盎司，上一次的金价最高峰是在 1980 年 12 月，当时的金价是 850 美元每盎司。比较有趣和巧合的是，同样是在 1980 年 12 月，道琼斯工业指数也是 850 点。从那之后，金价就逐渐上涨到了 1 800 美元每盎司，超过原来的两倍，这一增长速度是惊人的。

即使 2008 年道琼斯工业指数急剧下跌，但今天仍然维持在 11 000 点左右。因此我们可以看到，在过去的 30 年，与道琼斯工业平均指数等反映出的实际资产相比，黄金实际上并没有很好地起到保值的作用。

欧元区应该以现在的形式继续存在下去

现在欧元区危机只有一种解决办法，那就是让欧元区继续以现在的形式存在下去。大多数人都是赞同这一观点的。也就是说，欧盟或者至少是欧元区成员国，必须要更加团结，以一种更加有效的方式形成一个巩固的联盟。它们需要一种单一的经济政策，在税收政策、公共支出、福利和退休政策等方面更加统一。如果它们真的能够这样做，那么欧元这个单一的货币就能够以现在的形式继续存在下去。

与此同时，欧洲不同地区的民众也需要分担各国政府的债务，这是欧元以目前的形式存在下去的一个条件。如果欧洲政府和欧洲民众无法做到这一点，那么总有一天欧元区会破产。而且，德国等欧洲强国推脱责任，与希腊、西班牙、意大利等国被迫退出欧元区相比，前者更有可能导致欧元区的破产。原因就是，较弱的国家确实很想继续维持在欧元区内部，因为这使得它们成为一个较大经济体的一部分，而欧元区就占到整个欧洲的大部分。

欧元区有17个成员国。总的来说，有三四个国家反对政府借贷、政府补贴以及严重的政府赤字，包括德国、荷兰、奥地利，或许还有芬兰，而另外十二三个国家赞成这种政策。欧元区总是一个多数派，因此任何成员国都不应该被迫退出。德国这一强大的欧元区成员国或许属于少数派，但他们同时也很自信，觉得他们可以在欧元区之外生存，他们不需要欧元区。因此更大的可能性是德国主动退出欧元区，而不是希腊、西班牙或者意大利被迫退出欧元区。

世界

货币
不一定是唯一的

巴里·艾肯格林
(Barry Eichengreen)
美国加州大学伯克利分校
经济学教授

国际主导货币的变迁：从英镑到美元

19世纪中叶，英国已经是全球经济的主导，它具有最大最复杂的体系，伦敦也成为国际金融中心。人们都希望获得信贷以进行商品进出口贸易，不仅是在英国和欧洲大陆，甚至是在美国，人们都会到伦敦去借款。但是他们所借到的资金是英国货币——英镑。然而，让人感到惊奇的是，1880年之后，美国在地缘政治上已经是一个巨大的经济体，人口规模很大，而且美国国民生产总值的增长和经济规模也已经超过英国，但美元仍然不是国际货币。因此，当美国进口商需要从巴西进口咖啡豆时，就必须先去伦敦或者通过纽约的银行与伦敦的另一家银行联系，以获得信用证。有了这个信用证，美国的进口商才能购买巴西的咖啡豆。因此，虽然贸易是从巴西到美国，但所有的信贷、所有的国际金融交易都发生在伦敦。这确实很麻烦。这也解释了美国1913年创立独立的中央银行，即美国联邦储备委员会的原因。

1913年美联储刚刚开始运作时，美元根本就不是国际货币，没有任何一个国家的央行或者政府是以美元作为外汇储备的，没有任何外国投资者购买的国际债券或者政府债券是以美元发行的，没有任何国际进出口贸易是以美元结算的，甚至美国本土的贸易都不是。但到1924年情况发生了巨大的变化。在这10年间，美元从非国际货币转变为一个起主导作用的国际货币。

然而没有多少人注意到美元是如何完成这一转变的。事实上，美国是通过建立商业银行，为金融市场提供流动性服务来实现的。美国银行第一次可以在海外扩展业务，并开展国际金融业务。人们通常认为美元是在1944年，即"二战"之后，才成为国际主导货币的。这与一段故事有关：布雷顿森林会议之后建立了国际货币基金组织和世界银行，构成了所谓的布雷顿森林货币体系。这增强了美元的中心地位。但这一历史故事并不完全正确。实际上美元在1924年就已经成为国际主导货币，但在"二战"之后，英国经济一蹶不振，随着布雷顿森林体系的建立，美元以绝对优势超越了英镑，从而成为国际主导货币。

美国决策者认为，纽约应该成为比伦敦更大的国际金融中心，因为纽约有更多的职员，更多的国际业务。"一战"之后，20世纪20年代，美联储和英国央行彼此竞争，都希望给战后出现金融问题的国家提供稳定贷款，从而将这些国家的商业引入纽约或者伦敦。为了纽约或者伦敦成为金融中心，两国的央行展开了激烈的竞争。

战争期间是美国和英国的国际地位发生转变的阶段。这个阶段，英国已经不再具备稳定世界经济的能力，也不再是强大的经济体。然而，美国那个时候还没有意识到自己已经是世界上唯一能够稳定全球经济的国家。这也是20世纪二三十年代世界处于困境的原因之一，也是大萧条如此严重的原因之一。我们今天也处于这种困境中，处于另外一场全球转变中，即从一个以美国为主导的世界转变为美国无法再继续主导的世界，美国再也不能我行我素。其他正在崛起中的国家，认为自己有为这一进程作出贡献的责任。

金本位制的历史很短暂

人们认为，20 世纪之前，金本位制是各个国家管理货币事务的一般手段。然而，真实情况是，金本位制只是现代历史上很短暂的一个阶段，比如中国就从来没有实行过金本位制。世界上大多数国家实施金本位制大概也就持续了 30多年的时间，即 1880~1914 年。在 1880 年之前，世界上存在很多货币体系。一些国家实行金本位制，一些国家实行银本位制，另外一些国家，比如法国，则实行金银本位混合制。还有一些国家没有将本国货币与任何贵金属挂钩。因此，在 1880 年之前，确实存在着形形色色的货币体系。

大英帝国的金本位制存在了很长时间，从 1717 年就开始实施，由著名科学家牛顿发起。但当时牛顿犯了一个错误，他把黄金的价格定得过高，而白银的价格又定得过低。于是，大家都来到铸币厂购买白银，并将其出口。同时，很多人都将黄金带到铸币厂，因为铸币厂给出的金价非常高。整个 18 世纪和 19世纪英国都在实行金本位制，除了一个短暂的阶段，即 19 世纪初期，因为那个时候的英国与拿破仑领导的法国处于交战状态。

同一时期，英国也成为世界上第一个工业国家和最成功的国家，其他国家都把它当成榜样。因此我们就看到，19 世纪一个国家接着一个国家纷纷效仿英国采取金本位制。后来金本位制在"一战"期间基本崩溃，各国政府不得不印刷纸币以负担战争经费，它们无法像 30 年前那样继续稳定黄金的价格。因此它们中断了金本位制，导致汇率开始波动。

"一战"结束后它们曾试图重新回归金本位制，在 20 世纪 20 年代后半期也获得了短暂的成功，但随着 1929 年大萧条的到来以及 1931 年全球金融危机的爆发，各国金本位制再一次崩溃。1931 年英国金本位制崩溃，1933 年美国金本位制崩溃，法国等其他国家也纷纷步其后尘。荷兰于 1936 年成为最后一个放弃金本位制的国家。

未来，美元、欧元与人民币将共同成为世界货币

美元作为世界主导货币对美国来说是有象征意义的，这意味着美国曾经是世界主导经济体，是全球范围内的贸易国，虽然现在这些或许已经不完全是事实。更重要的是，拥有发行世界主导货币的特权，对美国来说是一种经济上的优势。美国银行和公司能够使用本国货币来进行国际贸易，这也是一种优势。当它们与外国公司往来时，可以使用美元结算，而不会因为需要兑换其他货币而产生额外的费用；在将外国货币兑换成美元时，也不用担心汇率走势会对它们不利。也就是说，这对美国公司来说是一种比较优势，因为美元是真正的国际货币。同时，这也意味着，外国央行和政府都愿意将美元作为避险工具，愿意将美元作为储备货币，也愿意为美国提供贷款。

这样美元的利率会低于预期,这对美国来说或许是一种好处,因为低利率有助于美国解决赤字问题。同时,美国房主需要支付的抵押贷款利率也很低,这样一来,美国的生活水平也会提高。但另一方面,如果美国国内金融活动过度,没能很好地使用这些借来的钱,导致房地产泡沫,比如美国在 2007 年之前的做法,就会自找麻烦。

在现代金融技术出现之前,有人预言,只有一种货币会成为全球主导货币。现在又有人预言,我们可以使用不止一种国际货币,因为金融技术已经改变,世界金融结构也在发生转变。目前美国经济占世界经济的 20%,欧洲占 20%,中国也即将达到这一比例。世界经济已经形成了三足鼎立的局面,因而将会出现三种重要的国际货币:美元、欧元以及人民币。尽管这样,有三个因素可能会导致这一预言不准确,即 10~15 年之后,美国可能会发生"不测",欧洲可能会发生"不测",中国也有可能会发生"不测"。

从美国来看,"不测"可能意味着在经济政策上的争端。美国可能无法全身心应对目前这场中长期的金融危机,在医疗保险方面面临着财政问题,财政收入也非常紧缺。

从欧洲来看,"不测"来自于决策者应对金融问题的政治意愿还不充分。南欧有很多债台高筑的国家,北欧也有很多较弱的银行。欧洲货币统一了,但政治体系却是分离的,因此有理由质疑欧洲能否齐心协力采取措施,成功解决债务危机。

至于中国,需要在经济发展模式上作出重大改变,成功地将人民币国际化。这意味着需要建立一个强大而健全的金融体系,也意味着中国的债券市场要对国际投资者更加开放,不管是私人投资者还是投资机构。将中国金融市场开放,意味着中国的汇率制度要更加灵活，从而应对外国资本的流入和流出。总之，中国要建立一个现代化的金融体系，更加开放的金融市场，更加灵活的人民币汇率制度。中国将需要做很多工作，切实将基本的经济模式转变过来，才能成功将人民币推上国际货币的地位。

　　在未来5~10年，所有该发生的都会发生。美国政治家们将会成功解决美国的金融问题；欧洲人也会完成货币联盟，并修复欧元区存在的缺陷；中国在改变其经济模式以及将人民币国际化方面还将走很长的路。但我们也能看到，整个过程会有很多曲曲折折，一些事情最终的结果可能没有人能够预测到。

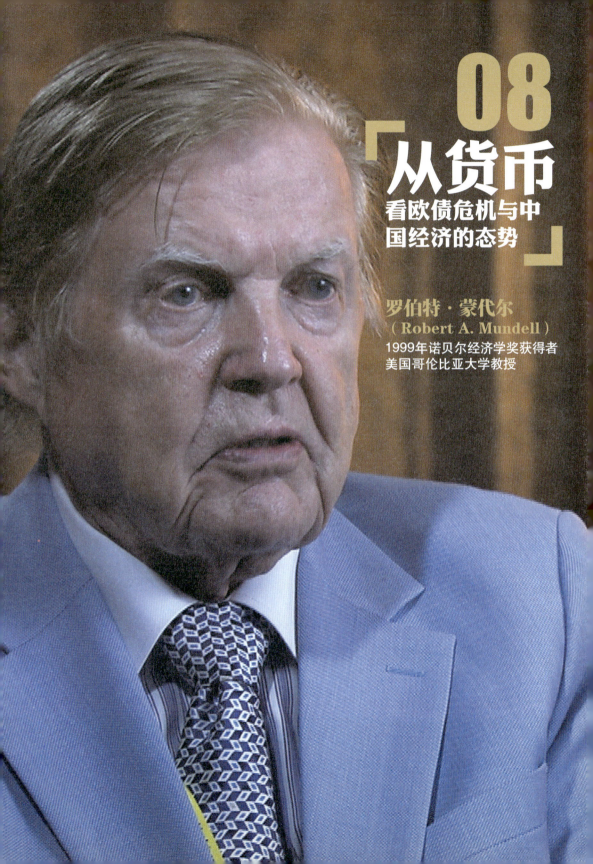

08

「从货币」

看欧债危机与中国经济的态势

罗伯特·蒙代尔
（Robert A. Mundell）
1999年诺贝尔经济学奖获得者
美国哥伦比亚大学教授

"最优货币区理论"与货币的功能

货币通常根据其功能来定义，它是一种普遍的计价手段，也是交换中介和价值储备工具。这些都是货币的不同功能，其中，计价手段是货币的常见功能。

关于货币，我在 1957 年创建了"最优货币区"理论，并于 1961 年发表该理论。这个理论涉及的主要问题就是：货币是用来干什么的？一般来说，货币是主权的政治解释。在古代帝国统治时期，货币所覆盖的领域在某种程度上反映了帝国的势力范围。比如大英帝国的英镑就曾是一种通用的计价工具，在整个帝国范围内都使用统一的货币。因此，这是货币功能的一个重要方面。

从纯粹的经济理论角度来看，最优货币区应该是什么？这与国际贸易理论对应，国际贸易与国内贸易不同：从国内来看，生产要素是可流动的；但从国际角度来看，它们的流动性并不明显，比如劳动力不能从一个国家转移到另一个国家。

因此这就构成了关于"最优货币区"的理论基础——劳动力流动性区域理

论，该理论对于最优单一货币区也同样适用。同时，还有全球固定汇率制度，比如金本位制就是一种固定汇率制度，它不具备劳动力的流动性。但这带来的益处就是，它为整个世界提供了一种统一的计价体系，这一点非常重要。

欧元危机的根本性原因

欧元区目前陷入严重的困境，因为一些国家没有能力或者意愿在财政和预算平衡上进行自我规范。这些国家的财政已经严重失衡，此前的赤字导致债台高筑，欧洲很多国家甚至德国都背负上了沉重的债务。出现这种情况的原因是，欧洲国家的福利水平最高、最全面，早在20世纪70~90年代，欧洲各国就已经实现了社会民主。而它们决定加入欧元区的这一行动则意味着必须实行严格的财政政策，否则就会破产、资不抵债。

这些国家却并没有意识到也没有考虑到缺乏严格财政政策可能会带来的负面效应。于是，债务的洪水越涨越高，一段时间内甚至还能听到洪水不断涌入的声音，最终凶猛肆虐的洪水让这些国家的"财政大厦"倒塌。这些正是发生在南欧很多国家的情况。毫无疑问，它们犯下了大错。虽然欧洲债务危机的部分原因是2008年爆发的经济危机，但一个主要的原因是，欧元各国并没有为自身的债务留有足够的空间，导致在需要的时候无力应对债务危机。

此次危机爆发的另一个原因是缺乏前进的决策。《马斯特里赫特条约》有两个目标，其中一个就是走向欧洲货币联盟，这对政治进一步一体化来说是一种灾难。而《马斯特里赫特条约》的另一个目标却是让欧洲逐渐实现政治联盟，对于财政领域来说这就意味着需要在欧洲建立财政联盟。

当意大利加入欧元区时，其债务占国内生产总值的比重已经达到120%，希腊加入欧元区的时候这一比例也超过100%，比利时为130%甚至更高。因此，过去几年这些国家深陷债务泥潭。当2008年爆发严重的经济危机时，这些国家已经没有进一步举债的空间了，于是就导致了现在的资不抵债。

现在，欧洲央行开始介入，并表示将为这些国家纾困，从而解决危机。然而，这些国家仍然需要实现预算逆转，它们不能再向体系中增加债务了，如果债务增加过多的话，整个体系就会崩溃。

欧元区的建立对欧元统一而言利大于弊

要解决这些结构性问题，从财政方面来说应该采取惩罚机制，规定较大数额的罚金，特别是要缩减欧洲中央政府对那些贫穷国家的资金援助。如果这些国家无法实现预算平衡，就应该撤销资金援助。

但从政治上来说，欧洲政府决定不这么做，因为欧洲经济实力最强大的德国也有严重的赤字问题。德国在20世纪90年代正着力对前民主德国进行重建，希望将国民收入提高到前联邦德国的1/3，这就需要进行大量投资，而他们是通过发行国债来实现的。

如果没有欧元区的话，欧洲的问题现在会更加严重。2008年危机爆发之时，整个世界都受到冲击，这场危机起源于美国。当欧洲受到冲击的时候，欧元区各国就可以从整体上应对。而如果欧洲各国当时使用的是各自的货币，那就不是现在的情况了，而是会出现大规模的通胀。诸如希腊、西班牙、葡萄牙这些国家就将陷入恶性通货膨胀，即使不是恶性通胀，也一定是快速增长的通胀率，恢复正常至少需要 10 年时间。如果发生这种情况，就会带来不同问题，境况也不会比现在好。

稳定性高和有效、强势的统一货币将是美元的最佳替代物，它将在世界经济中与美元竞争，希望加入这一货币区的国家需要采取一定的财政政策与之相适应。

亚元的建立存在可能性

建立亚元存在可能性，但需要像欧洲那样达成一个政治协议。毫无疑问，要建立一个统一的货币，需要在政治上深入融合。欧洲已经经历了 50 年的政治一体化、经济一体化进程，还有诸多对应的机构。

如果亚洲要建立一个单一的货币，就需要在亚洲建立一个安全区域，即一个没有战争的区域，还需要有条约联盟。然而，亚洲离这一目标还很远。虽然如此，但亚洲可以制定一种固定的汇率制度。虽然每个国家都有自己的汇率，但如果它们遵守一个固定的汇率，这就相当于结成半个货币联盟了。为了达到这个目标，各国货币还需要维持与美元、欧元、人民币、日元的汇率稳定。亚洲货币区域不能仅仅包括人民币或者日元中的一种，而是二者都需要，并且维持一个稳定的汇率水平。而中日两国货币的稳定只能通过美元，因此二者都需要对美元维持相对稳定的汇率。事实上它们对美元的汇率确实很稳定，这可以成为建立亚洲统一货币区域的一个基准。

虽然现在不是建立亚元的时候，但我们可以探讨建立亚洲货币基金的可能。在经济规模上，包括中国、日本、韩国在内的亚洲国家已经与欧洲相当。对于亚洲来说一个非常好而且可行的方式就是建立一个独立的亚洲货币基金，而不是IMF（国际货币基金组织）那样的货币基金组织，这样就可以应对债务问题。

假设某个亚洲国家遇到债务问题，那么亚洲货币基金就会起到很好的作用。IMF没有足够的资金解决欧洲的问题，于是欧洲建立了EFSF（欧洲金融稳定基金）和ESM（欧洲稳定机制），并且成立了一些机构来强化这些机制，亚洲也可以采取同样的做法。

2030 年人民币会成为重要的国际货币

众所周知，当很多国家都想持有同一种货币的时候，这种货币就趋向于国际化，比如英镑和美元。1915 年之前，英镑是全球的统一结算货币，但在 1915 年之后，美元成为全球的统一结算货币。目前人民币也算是一种结算货币，但它是通过与美元关联而发挥作用的，人民币的稳定与美元的稳定也是相关联的。

目前人民币还没有实现自由兑换。在人民币国际化的过程中，中国可以从两个方面着手：首先是实现人民币的国际兑换，一段时间之后就可以实现完全自由兑换。中国实现这个目标需要多长时间，目前无法确定，但这肯定是个艰辛的过程。其次，货币国际化也涉及政治问题。

如果人民币实现了自由兑换，到2030年或更早，人民币将会成为一种非常重要的国际货币。到2030年，中国的国内生产总值将大于欧洲。毫无疑问，欧洲的人均国内生产总值较高，他们的人口处于负增长水平。而美国的人口仍在增长，技术发展和其他方面也将继续更新。因此，可以预计2030年将成为一个分水岭。

过去几年一直在强调，人民币国际化的条件是非常不成熟的，这就像美国在19世纪时就想让美元国际化一样。但时机总会到来，一旦一种货币被广泛接受，人们就会希望大量持有这种货币，这种货币也就具备了充分存在性。所以可以说，中国开始出现赤字的时候就是人民币实现国际化的时候。

如果有意愿让其他国家持有人民币，而人民币又不具备充分存在性，那么它们就无法持有。中国要有人民币的额外供应，这样世界其他国家才能持有人民币。美元有充盈的供应，因此美元就占据了强势的国际地位。所以，货币一定要充分存在。在货币充分存在的同时，人们还需要对其有信心，也就是说货币不能太弱势。一个国家一般都会试图建立一个强有力的资本地位，这就要求实行赤字财政。赤字可以不断拓展，但也要有限度。如果赤字过高，经济将会陷入严重的危机。

中国经济增速放缓怎么办?

毫无疑问中国的经济增速在放缓,2012 年就是中国经济增速放缓的一年,发展速度大概为 7% 或者 7.5% 左右,比过去要低。对此,中国可以考虑一些容易实现的目标,包括努力恢复经济的强劲增长和投资增长率的同步增长。目前,东南亚以及亚洲其他地区都在与中国竞争。

它们奋起直追,但尚未追上中国经济的发展速度,虽然它们或许赶上了中国一些传统上占有绝对优势的劳动力密集地区。中国将提升水平,转向资本密集型,这与 20 世纪 50~70 年代日本的情况类似。那个时候,日本开始转向高端工业,韩国开始转向低端工业,中国将会重复日本的模式。

中国将向高端工业逐步转移,但由于中国的情况不同,拥有庞大的人口,因此,中国将能够在所有不同阶段和水平上实现均衡的全面发展。同时,中国的劳动力密集型产品将转移到内陆,而高端产品将转移至资本密集程度更高的沿海地区。在中国的欠发达地区,也就是中国西部地区,出口将会表现出巨大的潜力,也将成为支持中国经济增长的主要地区。

09

美国

相信美联储

戴维·韦塞尔
(David Wessel)
《我们相信美联储》作者

美联储的权力为什么这么大?

美联储于 1913 年由美国国会建立。《联邦储备法》多年以来不断发生变化,或是限制美联储的权力或是扩大其权力,这是非常重要的。在美国、英国、欧洲这些国家,决策者都不相信自己可以决定利率。他们担心的是,如果由他们来决定利率,可能会为了促进经济增长而引发通货膨胀。部分原因就是,20 世纪 20 年代,欧洲出现过严重的通货膨胀,美国 20 世纪 70 年代和 80 年代初也出现过严重的通货膨胀。因此他们决定将这一权力让出,让一些专家独立于政府之外,做出利率决策。但也正因为如此,一旦出了问题,政治家就可以指责那些专家,给他们当头棒喝。

美联储虽然不完美,但确实也很不寻常。美联储认为他们需要对国会和民众负责,因而美联储愿意与媒体沟通,他们意识到他们的存在是建立在人们愿意建立这样一个独立机构的基础上的。

最早的中央银行是英格兰银行,它起初是一个私人银行,后来逐渐演变为一个公共机构。当缺乏资金时，它负责为银行体系提供资金。商业银行一般依靠存贷业务生存，将存款借给那些使用资金盈利的人。这个体系的一个问题是，如果储户们同时要求取回存款，银行是无法满足的。因为银行将这些资金贷给了那些建造房屋、工厂，投资或者长期经商的人，因此无法同时把钱全部归还给储户。

而中央银行所做的就是，如果银行贷出去的款是良性的，即人们会归还，那么它现在可以给商业银行提供一些贷款，满足储户的提款需求。这就是中央银行"最后贷款人"的功能，也是非常重要的功能。

美国建国初期，亚历山大-汉密尔顿担任美国第一任财长时，他就看到了这点，并致力于建设一个中央银行。但在18世纪的时候，人们非常不信任高度集中的财政权力，他们认为中央银行、监管银行、大银行生来就是损害工人、企业家利益的。因此在美国建国初期，就有了是否要建立中央银行的争论。托马斯·杰弗逊认为这样不行，他痛恨财政权力的集中化。因此，美国第一银行失败了。在经历了没有中央银行的一段时间之后，总部设在费城的美国第二银行在19世纪中期引发了公众的广泛不满，安德鲁·杰克逊总统当时十分反对给美国第二银行颁发下一阶段的营业证，并向国会提出了否决意见。

于是，19世纪后期到20世纪初的一段时间内，美国一直没有中央银行。那段时间，很多地方发行货币，但却没有一个机构介入，对货币政策进行控制。1907年金融危机发生了，很多银行无法履行职责，金融体系处于崩溃的边缘。就在这个时候，一个叫作约翰·摩根的富人出现了，就是他阻止了1907年金融危机的蔓延。

从那之后，包括银行家、政治家在内的很多人都意识到，美国的金融体系仅靠一个七十多岁的老人（摩根）来拯救是不够的。在经历了一系列的争论之后，他们建立了美联储，来提供必要的资金和货币以制止金融恐慌的发生，让人们相信即使处于艰难时期，整个金融体系也能正常运转。

但美联储在大萧条面前失败了，完全背离了当时的初衷。米尔顿·弗里德曼曾经说过，大萧条的发生就是因为美联储出了严重问题。正是在此次大萧条之后，一个现代美联储诞生了。20 世纪 30 年代美联储发生了变化，权力更加集中，更具有政府的性质，私人银行的性质逐渐退化，这就是当代美联储的演变过程，也是我们今天看到的美联储。

美联储权力与中央政府权力的制衡

美国对中央银行的反感之情源自对商业和财政权力集中化的不信任。杰弗逊认为美国社会的未来是农业社会，很多农民和手工业者不需要中央政府的独裁统治。他非常不赞同中央政府，因为他看到了英国的例子，看到了独裁的真实情况。他持有一种非常理想化的观点，那个时候却没有多少人认同。

还有一群人认为，关键不是建立中央权力，而是如何让中央权力满足民众的需求。汉密尔顿在这其中起了很大的作用。他希望建立一个中央政府，有一个由民众选举的议员组成的国会，对行政部门、参议院形成掣肘的作用。他的观点很有远见，让人感到惊奇的是，当时的一些言论与 21 世纪头 10 年所发生的情况非常吻合。

1790 年，汉密尔顿纵观美国经济发现，美国政府欠了很多债务，13 个州政府也欠了很多债务。他担忧一些州无法偿还债务，于是提出一个观点，如果他们组成一个国家，那么中央政府就可以承担各州政府的债务，而且还能确立美国的信誉。此外，还能为美国的政府债券创造一个市场，对经济很有益处。最终这种观念占了上风。

在今天看来，过度集中的财政权力是一个问题，在政治争论中，人们总是试图去削减这种权力。当然，今天联邦政府的权力要远大于当时，但人们争论的焦点仍然是联邦政府应该有多大权力，又有多少权力应该留在市场，以及多少权力留给各个州，这些都是 200 年后的今天美国政坛上争论较大的问题。

很长一段时间美联储都是很不独立的。美联储和财政部之间达成了某种协议，美联储会印刷货币，将利率维持在一个固定的水平。这种模式比较奏效，并且为美国参加"二战"提供了资金。但 1951 年美联储和财政部之间达成了另一个协议，正是这个协议建立了现代美联储。政府表示，美联储可以根据需要制定利率政策，而政府在市场上购买债券时也需要按照利率支付。

这一协议打开了美联储现代货币政策，即通过利率调整经济的引擎。这一工具还是比较有效的，虽然并不是一帆风顺。尼克松时期白宫和美联储之间的关系颇为紧张。美联储面临很多政策压力，因为当时政治家不了解让美联储自由制定货币政策对政府是有益的。

美联储受到各方压力，而这些压力往往都是朝着一个方向：每次政府都希望更低的信贷、较低的利率，而这往往超出美联储的政策范围。

美联储也会犯错

20 世纪 70 年代末和 80 年代初，美联储犯了一个巨大的错误，即制造了严重的通货膨胀，而且似乎无法控制。

每个机构都会从其过去的经历中学到教训，美联储也是如此。美联储也在竭尽全力探寻原因。为什么会犯这么大的错误？为什么没有看到房地产泡沫的潜在影响？为什么没有意识到美国的财政体系是如此地密切联系？为什么一味地认为房地产价格永远不会降低？当这些假设被证明是错误的时候，为什么它又没有意识到后果的严重性？这些问题的答案就是，美联储的人现在讨论的不是泡沫本身，而是泡沫破裂对金融体系会产生什么影响，又应该如何应对。这就是思想上的转变。然而，我们还将遇到金融危机，美联储也还会犯错，或许他们的政策会带来没有料想到的后果。在这方面，美联储与我们大家一样，教训是永远学不完的，下一场危机总是无法避免。

10

美国

联邦储备体系
——看得见的手

加里·戈顿

(Gary B. Gorton)

美国耶鲁大学教授

独立性是美联储的权力来源

在美国，中央银行的诞生比较晚。虽然于 1913 年建立，但直到 1933 年和 1934 年的时候才形成其现代模式。在 1913 年之前，美国曾对是否要设立中央银行以及中央银行应该是什么样的进行了很长时间的探讨。当联邦政府即国家政府介入货币印刷后，才诞生了中央银行。

而这直到美国南北战争时期才变为现实，当时联邦政府决定印刷货币，为南北战争提供资金。然而，在美国的整个历史中，银行危机反复发生，与我们最近经历的很类似。银行本身越来越善于应对这些危机，后来形成了一个团体——清算所，共同清算账户。

清算所的功能有些类似于现代的中央银行，会在危机时期发行货币。因此，在经历了很多危机之后，很多人提议，将这个私人银行变得更加正式。最终于 1913 年形成了美国联邦储备体系，即美国的中央银行。因此，中央银行的形成，首先是政府开始介入货币发行，然后是对危机的反应，而中央银行的现代形式是在大萧条之后才形成的。

在大萧条之后，中央银行的焦点转到抑制通货膨胀，因为美国制定了存款保险法，大萧条的危机基本不会发生。

最重要的是，美联储不是美国政府的组成部分。该银行实际上是一个私人公司，尽管美联储主席以及各分行行长必须要经过美国参议院批准，但他们是不能被弹劾的。因此，中央银行的独立性是美联储的核心特点。

这意味着，美联储的决策不会直接受到政治家的影响。比如，总统每4年选举一次，参议员每6年选举一次，存在一种选举周期。美联储独立的目的是避免其决策受到选举周期和政治的影响。

当然，现实情况可能有些不同。众所周知，美联储处于华盛顿的政治环境中，因此它与政治不可能完全隔离。但在出现危机时，它可以采取极端的措施，而不用得到政府的允许。比如，在没有"请示"任何人的情况下，美联储购买了2万亿美元的国债。它所展示出来的权力是很多人此前没有见过的，人们也没有意识到美联储有这样大的权力。

而如果美联储没有这样的权力，那么在危急时刻就无法果断抉择，因为政府和国会在一项行动上达成一致是需要很长时间的。人们可能不愿意将决策权利交给这类特别机构，因此，一开始美联储就处于独立位置对美国来说很重要。

面对金融危机，美联储比美国政府行动更快

任何金融危机都是突然、快速爆发的，所以防止危机恶化非常重要。因此，

美联储提供流动性，即通过美元和国债交换私人证券。美联储有很多具体措施来完成这一过程，比如货币市场、共同基金，或者是特定的银行和小银行，等等。

我们可以把它想象为一场战争，其他机构在行动上就比较缓慢，比如国会，因为需要每个议员达成一致，容易发生争执。国会这一机构的设计，就是无法快速实施有效的措施。在遇到战争时就麻烦了，比如在决策时，一般都是由一名将军来下命令。在金融危机时，这位"将军"就是美联储。关键是速度，还有专业知识。金融危机一般都是无法预料的，也没有人想到会发生在美国。幸运的是，美联储主席是大萧条方面的专家，因而可以快速行动，知道怎么去做。结果就是，国会议员根本不了解发生了什么，从而出台了非常糟糕的立法。美国经济疲软的部分原因就是，政府部门没有很好地应对危机。

反思大萧条非常重要，因为它与之后发生的很多金融危机类似。大萧条这场危机带来了长期的损失和银行业的危机，也就是说人们去银行挤兑。但现在这种情况不会像过去那样了，因为人们认为政府会介入，不过政府行动往往姗姗来迟。

在最近的一次金融危机中，政府之所以行动迟缓，是因为他们不了解银行业是如何发展的，他们不知道很多机构投资者、非金融公司持有银行的大量债务，而这部分不属于银行业监管的范围。因此，政府行动肯定会迟缓。

避免"重蹈覆辙"是关键。一个途径就是建立一种机构，不需要政府介入就可以行动。

11

美联储
——从清算所到美国中央银行

马丁·迈耶
(Martin Mayer)
《美元的命运》作者

从 19 世纪 30 年代直到 1913 年，美国银行的运作模式都是通过发行银行票据来提供贷款，这些票据可以在银行兑换成黄金或者白银。当时黄金和白银总是不够，因为每个地方都需要货币。但只要人们相信，在危机爆发时他们就可以在银行兑换到黄金和白银，那么他们就会购买银行票据。然而，在某个时刻，人们会突然失去信心。人们如果想要把自己的黄金和白银从银行取出来，可能就会造成银行挤兑。

因此就需要一种清算机构，使得人们相信，当他们需要黄金时可以随时兑换到黄金。所以美国建立了清算所，成为所有银行的支撑。货币的问题在某种程度上是主权问题，因此，政府总会有不同程度的介入。在美国的大部分历史时期，银行都需要政府许可证。如果一个地区需要建立银行，还得要向政府证明你有这样的需要，否则就无法获得许可。

危机是银行体系固有的。银行将资金贷出去，如果这种贷款进展很好的话，那么银行就能够从中获益。如果银行无法获得所需要的资金，那么他们连储户的利息都无法支付。因此就需要政府的许可。国家政府为中央银行颁发国家许可，州政府也需要为本州银行颁布许可证。从州的角度来看，很多私人机构设立清算所，确保整个银行体系的活力。然而，市场总是在一定程度上起伏波动。

在市场发生动荡和不稳定的时候，人们就会怀疑自己的钱放在银行是否安全，于是就会去银行取钱。顷刻之间，一个本来不会出现资金抽离的体系，突然就会遭遇挤兑，导致市场恐慌。此时即使是运转最好的银行，也无法同时兑付储户的钱，因为有一部分资金仍在使用中，比如贷给鞋店的资金，或者是贷给农民们购买种子的贷款。因此，这中间存在一个时间差的问题，就是再好再完美的银行也无法一天之内把钱全部取出来。

为了应对这类风险和危机，美国建立了早期的中央银行，成为美国政府资金支付的接收银行，并决定体系中需要多少黄金和白银。作为中央银行的美国第一银行在1810年的时候获得了第二个20年的许可证，到1830年，安德鲁·杰克逊总统终止了美国第二银行的运营。

这样一来，美国的货币就可以由全美数百家银行来发行，同时第一家清算所在新英格兰地区建立。这样做的目的是让人们觉得他们手上的美元钞票很安全，可以随时兑换成黄金。

但与此同时，大家也都在谴责，一个大国有很多不同的银行，没有统一的行为准则、借贷的标准、收益的标准。随着华尔街股市变得越来越重要，这些问题就更突出，因为人们需要资金来满足股市的账户所需。有时他们需要很多，有时需要较少。不同的公司需要不同的量。而一旦华尔街出现需求，货币供应就会紧张。因为华尔街可以在一夜之间出现借贷需求，它可以支付比农民贷款买种子和雇用工人更高的利率。

因此，1913年美国建立了联邦储备体系，有12个联邦储备银行，持有银行储备资金，让整个国家的人民确信银行拥有足够的储备金来支付给他们，并且有一个弹性的金融体系。当华尔街需要资金的时候，美联储就可以注入更多的资金。如果华尔街没有这种需求，那么美联储就会收回资金。

「 **12**
中央
银行的独立性和
透明度越来越大
」

阿兰·布林德
(Alan Blinder)
美国普林斯顿大学经济学家、
美联储前副主席

美联储是私人公司，又是政府的一部分

在美国，美联储是一个很特别的机构，它是政府的一部分，但却独立于政治和政府之外。美联储 12 个联邦储备银行分布在全美。美联储在法律上是一个私人公司，但其股东在该公司却没有多少权力。从美联储的职能来看，它仿佛是政府的一部分。与世界其他国家的中央银行一样，美联储有责任确保货币支付体系的有效运转，支票可用、现金可以流动等。它还需要负责平衡美国与其他国家在国际货币体系中的关系。同时，它也实施货币政策，货币政策在以前是很简单的，只需要提高或者降低隔夜利率，在美国隔夜利率也叫作联邦基金利率。此外，美联储还有一个特殊的委员会，叫作联邦公开市场委员会（FOMC），一般每年做出 8 次决策，比如联邦基金利率政策。然而，自从 2008 年 12 月以来，联邦基金利率就基本接近于零，并且几乎没有变化。美联储认为现在还不能改变利率，这是很不常见的。

从全球来看，几乎任何机构都处于政治控制之下，有的控制较严，有的有

一些独立性，程度有高有低。而美联储则是一个特例。一般认为，它是最为独立的中央银行。可能对国际观察家来说比较奇怪的是，美联储的独立性不是美国宪法规定的，而是在传统中形成的。翻开美国法令全书，你就会发现，美联储是 1913 年国会通过一项常规法案后建立的，后来经过了多次修订。国会通过常规法案建立了美联储，意味着可以随时取消。国会虽然有权随时取消美联储的独立性，但国会却无意这么做，这很不寻常。美国国会两党都认为，拥有一个独立的货币机构对国家是有益的，如果货币政策受到政治的影响过多，就会非常糟糕。这就是支撑美联储独立性的主要原因。

2008~2011 年美联储的政策变化

2008~2011 年美联储的政策发生了两个巨大的变化。一个就是美联储的开放度和透明度更大。从全球来看，中央银行的透明度差别很大。20 世纪 90 年代中期，美联储在透明度方面全球垫底。

但现在，美联储在讲话、国会致辞以及决策委员会的决策声明等方面，与外界的对话更多了，这是革命性的变化。或许这也可以被视为一种演进的变化，因为美联储一直在朝着这个方向前进，以求变得更加开放。

另外一个变化，即推出了非传统的货币政策，这是由于美联储感受到了局势的压力。如果经济疲软，就需要用货币政策来刺激。如果将隔夜利率降到接近于零，那么就只剩两个选择。一个就是放弃，因为已经接近零，无法再降低利率了，除非经济有起色，否则没有办法，但这不是美联储选择的政策；另一个选择是努力寻找解决办法，从不同角度来刺激经济。

面对经济困境，美联储不应该放弃，不能什么都不做，也不能放任经济不管。它确实可以采取一些措施。比如，量化宽松政策，主要就是大量购买资产，不管是政府资产还是非政府资产。

但同时又需要意识到，量化宽松政策是一个很弱的武器，而更为强大的"子弹"是降低短期利率。美联储已经在这方面做到最大程度。这次短期利率的大变动，基本上是美联储历史上从未出现过的。然而，现在无法再降下去了。因此就只能使用较弱的工具了。

二次量化宽松政策虽然力度不大，但比第一次量化宽松政策遭到了更多的诟病。原因就是：第一，具有潜在的通货膨胀风险；第二，对美元汇率产生消极影响，导致与邻国的汇率降低。这不是二次量化宽松政策本来的目的，美联储并不想通过降低美元汇率来刺激经济，但不管怎么说，美元汇率都是处于下滑的态势。

如果我们查看一些经济调查，会发现一个明显的理论，即任何宽松的货币政策，不管是传统的还是非传统的，都会降低汇率。因此，如果反对本国货币汇率降低，也就是在反对任何通过宽松货币政策来刺激经济的举措。然而，这种反对是不合理的。

美国正处于长期的利率下行阶段

美元正处于长期的利率下跌阶段，有两个最重要的原因。一个原因是美国正在受到世界的追赶，最典型的就是中国。但 10 年前，日本曾经快速追赶过美国，现在基本上与美国处于差不多的水平。但中国还有很大的差距，亚洲很多其他新兴国家也是如此。

另一个原因是，随着收入的增长，美国人对外国商品的需求增长要远远高于外国对美国商品的需求增长。因此，美国政府的长期债务赤字以及不断增长的贸易赤字成为一种长期的趋势，除非美元贬值。

人民币成为国际货币还需要三四十年的时间

在过去的 10 年，欧元已经与美元平分天下，美元地位下降，欧元的储备地位上升。如果欧洲能够解决危机，这一趋势还会增强。至于人民币，要成为一种强有力的候选国际货币，可能还需要三四十年的时间。

中国经济增长迅速，但还需要在知识产权、流动资本市场、浮动汇率以及稳健的银行体系等各个方面都作出努力。人民币要成为国际结算货币和储备货币，还需要中国作好其他一些准备。除此之外，中国政府是否希望人民币成为国际货币也是一个问题。之所以这么说，是因为在中国崛起之前，日本货币是亚洲最为活跃的经济地区的主导货币，日本人却不希望承担这一职责而有意避之。日本政府不想日元成为全球储备货币。因此，一个国家的政府首先要愿意承担这样的功能，其次要有号召力，也就是说可以像美国那样在国际上贷款。作为世界储备货币，采取行动要负责，要考虑国际利益，维持较低的通货膨胀率等。

黄金被用作抵御通胀的工具

2011 年初金价是每盎司 1 255 美元，但现在已经涨到了每盎司 1 850 美元，人们认为黄金是最佳的保值资产。人们为什么愿意持有一种不会每年有固定利息收益的资产，而且储藏黄金的话可能还需要成本？原因在于，2008 年以来，人们的投资重点从无形资产转变为有形资产，而且这些有形资产的价格一直维持得很好。除了黄金，钻石等所有有形资产都是如此，当然，房地产除外。总之，一个重要的转变就是，人们希望持有有形资产。

除保值之外，还有主权债务问题，这也与货币的相对价值有关。我们看到，很多人倾向于持有黄金，这些黄金也未必就是用作首饰，而是被他们当作抵御通货膨胀的工具。通货膨胀是个突出的问题，特别是在食品等商品行业。因此他们所做的就是，将黄金作为抵御其他资产贬值的对冲工具，也就是对冲货币贬值。

不管什么资产总有下行风险。如果宏观经济情况有所好转，中央银行可能就会出售黄金，如果是这样，金价就不太可能维持目前的水平。

黄金价格与通货膨胀的关系

从组合投资来看，黄金是一种实物资产，是一种非常有趣的投资产品。在谈到黄金时，很多人一开始往往会想到黄金对冲通货膨胀的功能，因为人们对未来可能的通货膨胀以及类似的风险比较担忧。但却有一种观点认为，黄金与通货膨胀之间没有关联，如果二者没有关联，为什么黄金能够对冲通货膨胀风险呢？

人们的观点主要存在两个问题：第一，"关联"是指两种资产之间线性的量化关系，是变化的，如果这种关系不是直线的，那么就无法找到它们之间的关系。从长期的历史来看，当通货膨胀处于某个范围时，黄金价格基本不受影响，因为还有其他资产在影响金价，也有一些其他的供求因素在影响金价，而且往往是比通货膨胀更重要的因素。如果通货膨胀率超过一定的范围，人们可能就会开始担忧，并通过黄金来对冲通货膨胀。因此，它们之间不完全是一种线性的关系。

第二，最好从全球的形势来解读黄金，比如全球通货膨胀，当然这不是影响黄金的唯一因素，还有很多其他因素。另外，黄金是投资组合中的一部分，不仅可以应对通货膨胀，还是应对不确定性的一种工具。这种不确定性，可能是通货膨胀，可能是系统性风险，或者各种其他因素。

有一项对黄金的全球供应与未来的通货膨胀预期之间的联系所作的调查发现，金价的变化可以反映在未来的通货膨胀预期上，这是其中之一，同时还有很多其他方面。在目前的情况下，我们不能认为金价的推动因素只有通货膨胀。

　　美国和欧洲经济复苏，这或许会对西方的黄金投资产生影响，但印度和中国等国家的黄金消费量还是很高，不管是首饰或是金条投资，还是含有黄金成分的高科技产品。

13

「历史上

不可忘却的
通胀之殇」

让-马克·丹尼尔
(Jean-Marc Daniel)
法国巴黎高等商业学院
经济学教授

古罗马帝国的通胀之祸

　　古罗马帝国通货膨胀发生在公元 3 世纪，从那时起罗马帝国开始衰落。通货膨胀指流通货币数量过大导致物价上涨，这次通货膨胀的原因就是罗马帝国的君主没能成功增加税收。既然没法增加税收，他们就利用铜、铁等来造币，以抵支出。大量的货币进入流通领域，但那时候罗马帝国的经济增长幅度实际上很小。

　　在这场通货膨胀的最后时期，罗马帝国上下出现了一系列骚乱。原因是物价上涨，小麦价格也上涨，一部分民众开始遭受饥荒。在这种古老的经济形态中，通货膨胀的结果就是饥荒，即物价上涨，尤其是粮食价格上涨，导致百姓没法养活自己。

　　古罗马帝国的衰落跟它广阔的面积相关，因为国土辽阔导致帝国防御困难重重，而且帝国缺乏资金负担军队开支。第二个相关的原因是罗马不再发起战争。而战争能带来货币资源，例如金和银。同时，新开拓的富足疆土能带来新的物质财富。

所以，通货膨胀既是罗马帝国衰落的原因，也是衰落的结果。说是原因，是因为军队得到的军饷的价值越来越低，军队不再想战斗。说是结果，是指罗马帝国不再创造财富，因为它不再往外扩张，没有能给它带来新财富的新疆土。

约翰·劳与密西西比泡沫

密西西比泡沫发生在法国，始于 18 世纪初，历时几个世纪。与这一事件相关的人是约翰·劳。约翰·劳是个投机主义者，在路易十四逝世后来到法国。路易十四于 1715 年去世，那时的法国已成为欧洲第一大强国，也是世界上的强国之一。当时法国人口众多，经济潜力巨大，军事实力也非常强大。另外，路易十四的孙子是西班牙国王，西班牙在当时也是欧洲强国之一。法国是个很大的经济体，但它的国债也相当庞大，利率自然也很高。这使当时开始在欧洲萌芽的工业经济难以在法国发展。

当时法国政府一直想要摆脱这样巨额的国债，有两个办法可以选择。第一，增加税收，但是民众不买账。第二，干脆销毁国债，也就是国家破产，对债权人说自己无法偿还。路易十四的继任人是路易十五，当时只是个小孩，因此实际掌权的是路易十五的堂叔公，法语里称之为摄政者。就是这位堂叔公启用了约翰·劳。

约翰·劳的想法是用密西西比公司的股票兑换国债。密西西比公司在法国拥有的北美土地上从事经营活动。当时法国在北美拥有大片的土地，名为路易斯安那，意思就是路易十四的土地，范围从美国南部如今的路易斯安那一直到加拿大的魁北克。不过当地人口稀少，以捕鱼及农业为生，完全没有经营土地的念头。总的来说，约翰·劳的思想就是用某种票券，例如工业企业、金融企业的股票来兑换国债，并带来比国债更大的收益。

这样做的结果是，因为股票收益比国债更大，所有人都蜂拥而至用国债兑换密西西比公司的股票。密西西比公司的股票价格节节上升。不但如此，它还成为了一种广受欢迎的货币。

于是密西西比公司的股票很快便作为新的纸币流通。人们普遍认为这是法国乃至欧洲国债货币化的首例。而这一时期的英国则在 1694 年成立了中央银行，货币流通量由中央银行控制。

这场密西西比泡沫最终以人们发现密西西比公司的真相而结束。一些人说，这是一场骗局，而不是什么天才计划，于是便开始出售密西西比公司股票来换取黄金。这导致密西西比公司股票很快变得一文不值，密西西比公司最后以破产收场。

约翰·劳被人们称作骗子，他仓皇出逃，最后在威尼斯避难。而法国于 1726 年开始恢复使用黄金作为货币。

这场事件的最终后果是，当英国人通过中央银行发行纸币、发展经济的时候，法国人一直饱受通货膨胀以及国债的困扰。18 世纪 80 年代后期的法国大革命正是因为这些国债的存在而爆发的。

约翰·劳是一位经济学家，因为他留下了一些用地道的法语写成的经济学著作。他不是法国人，但说得一口流利、地道、清晰的法语。他所用的文字浅显易懂。

他的基本观点是货币的本质有二重性。以金子为例，它既是货币，同时也是一种物质商品，可以做成珠宝、奢侈品等商品。纸币同样也有二重性。它是货币，可以作为流通交换之用，但它还有另一个特点，就是它的信用。金子的第二个特点是商品性，而纸币的第二个特点是它的信用。

在这点上约翰·劳的思想比当时的经济学思想要先进得多。他认为纸币的信用是社会经济结构的基础，在一定程度上可以说是生产要素之一。现代的经济学家依然在思考如何利用纸币作为生产要素之一这个观点，而300年前的约翰·劳已经考虑过这一问题。

约翰·劳还是一名银行家，因为他从事金融活动，具备当时巴黎银行家的特点，例如侵吞金钱、养情妇、流连法兰西剧院等。但他也是个骗子，因为他并不具有所发行的股票对应的黄金。他发行了许多股票，但实际上是无法用黄金偿还的。

总之，约翰·劳是一名金融天才，他透彻地了解到什么是货币，但他走得太快、太远。

20世纪90年代末俄罗斯的通货膨胀

20世纪90年代末卢布贬值的原因是，苏联解体之后，俄罗斯的公共财政一直处于紧张状态，国家不断发行货币导致通货膨胀，赤字严重。这时候或者采取加大税收的措施，或者采取加大货币发行量的措施，或者销毁国债，除此之外别无他法。20 世纪 90 年代，俄罗斯的国债很多。一部分由百姓持有，百姓出于对国家的信任把自己的财富押在国债上。另一部分由多家国有银行持有，而这些国有银行希望持有的是美元。因此俄罗斯为了偿还债务需要大量美元。为了获得美元，俄罗斯向 IMF 求助。IMF 答应提供援助，但要求俄罗斯加大税收。这也是俄罗斯 1997~1998 年采取的措施。

于是，所有把储蓄押在国债上的人都发现自己的储蓄迅速减少，因为货币贬值会导致通货膨胀，也就是国家进口商品的价格迅速上升，人民的购买力下降。

这一时期对俄罗斯有三大影响。第一，毁灭了中产阶层，即失去了跟国家权力直接相连的百姓。第二，中产阶层对这一失控的局面非常不满，要求更强势的政府。这使普京和以他为核心的圈子最终取得政权，建立了一个强势的俄罗斯政府。第三，俄罗斯人民认识到要通过一切办法阻止通货膨胀，接受相对较慢的经济发展速度，在物价稳定基础上允许一定的失业率，这是俄罗斯中央银行的货币政策的首要目标之一。

20 世纪 20 年代德国发生超级通货膨胀

德国在 1918 年战败，公共债务负担很重，需要通过发行货币负担军队开支。这个国家深受战争之苦，尽管战斗并没有在它的国土上进行。但不管怎样，受战争的各种影响，市场上流通的货币数量非常大，市场购买力也很强，但是商品数量却很少，因此出现通货膨胀。这一通货膨胀的情况在 1921~1922 年开始稳定下来，但德国需要向法国、比利时、英国、意大利等国家支付战争赔款。德国拒绝支付，认为自己是战败国，没能力赔偿。而法国人则认为德国应该赔款，当时法国政界还有一句口号是"德国要赔款"。因此在 1923 年，法国占领了德国西部的一部分地区，夺取该地区的煤炭资源。德国方面马上作出反应：取消对人民的一切赋税。这样一来，除了极少数收入来源外，德国基本上没有任何财政收入。

德国停止一切税收是因为要是征税的话，法国人就会都拿走。这样一来，德国政府因为没有财政收入，唯一的办法就是发行更多的货币。德国发行了数额巨大的货币，导致超级通货膨胀的发生。也就是说，为了保护本国人民免遭法国的"掠夺"，德国只能损害本国人民的购买力。

在这一超级通货膨胀的环境中，有人赔本，有人获利。例如德国农村地区的人在这场通货膨胀中反而获利，因为农村地区负债严重，当通货膨胀出现，其负债便消失了。同样，一些商人也很高兴，因为通货膨胀，并购企业的时候可以不用再考虑它的负债情况。

纳粹上台并不单纯是因为通货膨胀，还因为 1929~1930 年的经济危机，因为失业问题，以及德国经济对出口的重要依赖。出口行业是德国经济发展的关键因素，它的两大出口国是英国和美国。美国 1930 年决定征收进口关税，德国的出口业随之崩溃，德国的经济也就崩溃了，从而导致严重的失业问题。

德国人民在 20 世纪 20 年代遭受通货膨胀之苦，在 20 世纪 30 年代遭遇失业之痛，便要求一个更强势的政府，这有点像 20 世纪 90 年代的俄罗斯。

只是德国人没有考虑到这一强势政府的力量有多大。在这一时期，德国央行行长发言称"不会再出现通货膨胀"。 1933~1939 年，纳粹党也同样声称不再有通货膨胀，但随后的战争则导致 20 世纪 40 年代德国的通货膨胀比 20 世纪 20 年代更严重。

民国时期中国的超级通胀

民国时期中国的超级通货膨胀，原因跟前文谈到的几次通货膨胀是一样的。当时国家负债严重，军费开支巨大，而且征税困难。因此便需要发行更多货币资助政府。实际上，发行货币是为了援助经济。货币是一种信贷，可以用来资助政府、企业或是民众。

如果资助民众，一般来说货币就会被消费掉，只要企业有能力满足消费者的购买需求，就不会出现通货膨胀。如果资助企业，企业就会用这些货币来创造新的财富，也不会出现通货膨胀。如果资助政府，政府自身并不会创造财富，反而会消耗财富，这些支出会导致物价上涨。

那时候民国政府的财政收入很少，由于要支付军费而导致支出很大。军队不会创造财富，反而消耗财富。结果就是创造的财富很少，而流通的货币很多，于是便发生通货膨胀。

另外，在上海等地区还有个特别的现象，就是黄金、英镑、美元等良币被百姓储存起来，剩下流通的只有劣币。为了摆脱这些劣币，大家拿到劣币便马上把它们消费掉。结果是，不仅市面上流通大量的货币，而且这些货币流通速度非常快，这样对经济、金融体系造成巨大的压力，导致恶性通货膨胀。

创世界纪录的津巴布韦通货膨胀

　　津巴布韦的通货膨胀仍然源自同样的原因——国家负债严重。另外还有一个原因，就是汇率下跌。不只流通的货币数量巨大，而且还受到汇率下跌的影响。这样，国内物价上涨，而由于汇率下跌，进口商品价格也上涨。

　　当时国家不断制造货币，很多人，尤其是劳动人口决定移民外国。这导致经济衰退，生产活动减少；汇率也不断下跌，导致进口商品价格上涨。

　　这些方面的因素一起导致津巴布韦发生目前人类历史上最严重的通货膨胀。此前，通货膨胀最严重的情形出现在匈牙利（1945 年）。

如何规避通货膨胀的不良影响？

　　对于通货膨胀，普通老百姓最明显能看到的就是物价上涨。既然物价上涨，他们就自然认为购买力下降了。实际上只有在收入不增加的情况下，购买力才会真正下降。可以采取某些措施，使百姓避免受到通货膨胀的不良影响。

　　一般来说，通货膨胀有两个好处，也有两个弊端。好处是：

根据经济学家所称的菲利普斯曲线均衡，当出现通货膨胀时，企业会认为货币流通量大，经济活动增多，有利于经济的循环。所以有通货膨胀时一般不会引发失业。这个观点也有争议，有些时候的确如此，有些时候则不然。

通胀的第二个好处就是能抵消负债，尤其是国家负债。当出现通货膨胀，负债减少，赋税也随之减少。这是一种有利的关系。

另外，通胀还有两大弊端：

第一大弊端是它毁掉了储蓄。那些把财富储蓄起来希望留给自己后代或者留作养老的百姓会发现自己的储蓄消失了。这可算是一种无声的抢夺。

第二大弊端是从物价不断浮动开始，经济部门便没法再根据物价评估经济水平和预测未来的经济趋势。因为对实际经济水平的评估和对经济的预测都是错误的，有偏差的。

通胀为什么会发生，又如何消除？

通货膨胀的出现是因为货币的发行量太大，而这些货币的价值却很低。如果是为了借贷给企业用于创造财富而发行货币，是没有问题的，有问题的是发行的货币量与创造出来的财富之间有很大的差距。

当前的通货膨胀与发行过多的货币来资助国家有关。世界经济的真正问题在于国债庞大，其中一部分国债是通过发行货币承担的。美国就是明显的例子，在欧洲这也是争论的问题之一，即是否应该发行货币资助国家债务。这同样是日本的问题，日本一部分国债由中央银行持有，于是中央银行便发行大量货币。

通货膨胀的结果是物价上涨。目前全球的情况是不同商品价格上涨的幅度不一样，经济学称之为坎蒂隆效应。坎蒂隆是和约翰·劳同时代的经济学家，他的一生和约翰·劳一样充满波折，他曾经策划了一场保险金骗局，烧了自己的房子骗取保险金。但由于他不付给仆人工资，他的仆人便把他锁在屋里，最后在这场自导自演的骗局里他被烧死在自己的房子里。

坎蒂隆留下了一部经济著作，其中写道：通货膨胀的问题在于物价上涨，但各商品的价格上涨情况不一样，一些商品的价格上涨速度要比其他商品快。

在目前的通货膨胀中，令人担忧的是两类商品的价格上涨：一是食品价格，例如小麦；二是原材料价格，例如煤炭和石油。通货膨胀可能引起需要购买小麦、煤炭和石油的人起来反抗，甚至发生暴动。

通货膨胀是由发行无效的货币导致的，所以要控制通货膨胀，就要发行有效的可用的货币。要实现这一点，就需要中央银行。中央银行最初的出现有点偶然，是英国人在 17 世纪末成立的。英国人在经济方面是天才，对于经济方面的问题，英国人总能很快想到好点子。

英国人认为中央银行有两大作用，第一是避免经济上的悲剧，避免企业倒闭，援助国家避免国家破产，在国家负债的时候需要有人管理国家财政资金、控制负债；第二是避免过度发行货币。全世界的中央银行都成功地做到了这点。20 世纪 70 年代西欧和美国的严重通货膨胀得到中央银行的控制，并于 20 世纪 80

年代消失。拉美在 20 世纪七八十年代的超级通货膨胀也被中央银行抑制住了。

要消除通货膨胀，就需要缩小信贷量。一般来说，缩小信贷量能限制无效负债，但有时也限制了有效的负债。控制通货膨胀所导致的问题是经济增长缓慢，失业率升高。所以，有时候国家必须从通货膨胀和失业之中进行抉择。

从希腊债务危机到欧债危机

希腊的经济增长速度很快，人口约 1 000 万，却有 2 500 亿欧元的国内生产总值。然而，希腊的经济结构很独特，有三大特点：一是旅游业占据非常重要的位置；二是经济非常依赖海洋，造船业、渔业等相当重要；三是希腊人民养成了不缴税的习惯，认为缴税是很荒唐的事。结果就是希腊政府负债非常严重。

当经济继续增长的时候，情况还好，因为还有一部分间接的税收收入。而一旦经济增长放慢，负债便变得严重，国家财政就会出现问题。国家负债严重时，同样有三个解决办法。一是增加税收，这是帕潘德里欧政府的做法。二是发行货币，引起通货膨胀，消除债务。这一点在欧洲引起了争论，因为发行货币是中央银行的职能，但是现在没有希腊央行了，而是欧洲央行。所以问题就在于要发行货币，并接受由此引发的通货膨胀，需要得到欧盟各国的同意。但一部分人不同意发行货币资助希腊政府。实际上每个人都认为最终结果会是发行货币，但是具体观点并不相同，例如德国认为不能这样无限期地援助希腊。所以南北欧双方在是否发行货币援助希腊这一问题上僵持不下。除了加大征税和发行货币之外还有第三个解决办法，那就是希腊破产，消除掉一部分债务。

目前的情况是，欧洲央行最终同意通过发行货币援助希腊。希腊的债务是3 500亿欧元，欧洲央行发行500亿欧元进行援助。这样就不会出现很严重的通货膨胀，对欧元区的实际影响不大，但对希腊确实有用。但问题在于，欧元区目前处于混乱状态，各国互相指责，德国指责希腊，希腊指责德国，法国指责德国和希腊，意大利则试图从中抽身。这样的混乱状态实际上比通货膨胀的危害更大。

对于这场危机，要看到三方面。第一方面，在这场混乱和相互指责之中，欧洲是在进步的，所以欧洲会逐步向更融合的方向发展。如果相信欧盟，相信欧洲各国会联合，各国就应该在各方面进行更多的共同合作，把更大的国家权力让渡给欧盟。

我们并不需要从更融合的欧洲与战争之间进行选择，更融合对欧洲各国总是有更大的好处。欧洲人在欧洲各国旅游而不需要兑换货币，能随意与不同国家的人见面，不同国家的人之间有着共同的想法、共同的信念，创造共同的历史，这是很美好的事。

第二方面，欧洲央行确立了自己的权威，欧洲央行和行长让-克洛德·特里谢在这场危机中发挥了很重要的作用。

第三方面，如果要避免债务危机蔓延开来，就需要把各个国家的债务变成整个欧洲的债务，也就是说要互相承担债务。同样，这也是争论已久的话题。1790年的美国，有人认为债务应由各州各自承担，有人则认为债务应由联邦政府承担。在这场争论中最终汉密尔顿获胜，他认为债务应由联邦政府承担，从而成功地把美国塑造成政治结构合理的国家。

　　所以，欧洲的情况不应该是德国、法国、希腊等各国分别承担各自的债务，而是整个欧盟承担债务，这才能巩固欧盟和推动欧洲一体化的进程。

　　回顾欧债危机的由来，有两个关键点。第一点，评级机构下调了一些国家的评级。这些国家在英语里面被称为PIGS（"笨猪四国"），即葡萄牙、爱尔兰、希腊和西班牙。评级机构认为这些国家没能力偿还债务。

　　一些人，如西班牙前首相萨帕特罗，认为这一切的背后是一场阴谋，认为有人想威胁欧元的生存。美国要维持美元世界货币的地位，于是阻止其他货币成为世界货币。所以萨帕特罗认为这些评级机构关于欧洲债务的谣言都是美国策划的一场阴谋。

　　第二点则比较客观，即欧洲国家的负债很严重。希腊的公共债务占国内生产总值的比重为130%~150%，意大利是110%~120%，法国是85%，从中可以看出债务比重非常高。要保证这些公共债务不出问题，就必须由中央银行采取措施，比如发行货币。所以这场危机的第二个关键点就是对中央银行可能采取的措施的猜测，这就回到了法国、德国对于中央银行应起什么作用的争论。此外还加上国际货币基金组织的掺和，情况更加混乱。

　　国际货币基金组织、欧洲央行等一些分析师认为欧债危机与欧洲的社保体系有一定关系，他们认为欧洲的经济增长实际上很小。如果观察发达国家的经济历史，就能发现这些国家的经济都经历了周期性的循环，即先经历经济迅猛发展的时期，然后进入衰退期。所以2009年的经济危机和衰退并不算很严重，出现的失业和经济活动收缩现象，以前也经历过。

　　令人忧虑的是，每次经济复苏，增长率都会越来越低。也就是说，经济衰退了，但是复苏后从来达不到原来的高度。为什么呢？一部分人说，是因为劳动力市场的效率低。欧洲的失业率一直保持在平均 7%~8%，由于失业率的存在，在经济复苏时一部分人口能劳动，即这一失业率表明这部分人口能创造财富。而我们不能再创造同样多的财富，是因为社会体系僵化，保护性太强。所以，要重振经济，手段之一并不是要降低对劳动者的保障水平，而是要移除对劳动市场、企业运作的一部分约束和限制，以达到利用这一部分劳动人口，实现经济增长的目标。经济增长了，税收就能增加；税收增加了，负债就减少；负债减少，就能解决问题。所以，当前出现危机的一个原因就是经济增长出了问题。

欧盟必须向前发展，欧元才能稳定

欧债危机从实质上对欧盟的建立提出质疑，并迫使欧盟必须有所行动，即不能停留在目前的阶段。欧洲或是往后退一步，不再构建一体化欧洲；或是往前发展，发行欧元债券，实现更大范围的联盟，设立欧盟财政部长。向前进一步可能更有助于产生政治结构更牢固的一体化欧洲。

所以我们可能会看到一个新的政治结构，一个目前世界上从未出现过的政治结构。各国预算政策的控制力度会加强，由欧洲央行实行统一的货币政策，各国政策上可能会有矛盾，但总能协调统一发展。

欧洲之父让·莫内在设想欧盟的时候就说过，欧洲就像一辆自行车，需要不断前进，不能停下，否则就会倒下来。我们不知道往哪里去，但是总是在前进。

另外，未来的趋势是欧元最终会稳固下来。欧洲金融稳定基金的建立，给欧洲金融的稳定提供了保障，多种工具和机制的使用和建立也在保障欧元。欧洲央行行长特里谢先生做好了他的工作，危机解除了，欧洲这辆自行车继续前行。欧洲前进了，欧元也就稳固了。

14

「我们」

都应遵守货币
的游戏规则

约尔格·吉多·许尔斯曼
(Jörg Guido Hülsmann)
法国昂热大学经济学教授、
《货币生产的伦理》作者

为什么我们都负债累累？

政府操纵货币生产在当今造成的最严重的问题之一就是经济不稳定，表现为家庭及企业面临过度负债的问题，这在西方社会尤为明显。中国的情况没有那么严重，但也已经有了苗头。

解决的办法是，要弄清楚信贷的职能是什么，自有资金的职能又是什么。不是靠贷款支付，就是自行支付，二者必选其一，还须知道二者各自的利弊。在自有资金有限的情况下，显然是通过贷款来支付更方便。但问题是事后还须偿还债务，一旦出现无力支付的情况，便会破产。一旦某个市场活动参与者破产，其债权人也会随之破产。

为什么现在每个人都负债累累？原因在于各央行在近几十年中以稳定经济为己任，却引发了一些不正常的偏好。从宏观层面看，每个人都减少了自持资金的使用，增加了信贷金额。每个人都认为经济稳定，但整体经济却日益不稳定，日益脆弱。与此同时还滋生了一些其他问题，如人为再分配问题。

在生产货币环节，通过制造大量货币运用货币杠杆。这些货币不可能同时到达所有公民手中，而是先到一部分人手中。这些人便率先使用货币，结果便是，他们的收入增加了，而由于他们的支出行为，物价也水涨船高。

新的货币是通过经济活动渐次进入流通领域的，并使价格和收入一并上涨。而由于收入未能同步增加，有些人就不得不在其收入仍较低的情况下负担较高的物价。所以，总是有再分配的问题。新的货币生产总是使最初的货币使用者受益，而使最后的使用者受损。在西方，最初的货币使用者是金融市场（即银行），还有大型投资企业。而受害者永远是僻居乡下、远离金融市场的普通民众。这是极不公正的现象。

当政府滥发货币时，就犯下了失控的错误。应当严格区分政府自身的利益和社会的整体利益。对整个社会来说，发行货币无关紧要，发行的货币量也不重要。重要的是，市场上流通的是稳健的良币。正因如此，各个时代、各个国家的政府，包括中国、欧洲国家和美国在内，都努力控制货币发行量，因为这可以使他们轻易获得财政收入。但这并非不可或缺，而且对社会的整体利益毫无益处。

纸币并不是那种可以在竞争市场内生产的货币。其他市场的规则不适用于纸币生产。纸币带有一种强制性，即规定市场参与者必须使用它。

在货币历史上的某些阶段，货币完全是在竞争的环境下生产出来的，尤其是在19世纪上半叶的美国。当时美国人主要使用墨西哥生产的货币，但也用欧洲货币，以及当地货币。

所以说这种竞争是存在的，它不会对市场经济的运行造成太大问题。只是对公民而言，这意味着另一种生活方式。今天我们生活在以人工虚拟货币为基础的国家，虚拟货币带来了另一种生活方式，我们已习惯了某些偏好和倾向。

每个人都负债累累，不仅是国家，还有各家各户。为什么我们要借贷呢？因为我们知道收入会随着时间慢慢上涨，因为通货膨胀一直存在。今年家庭预算中的沉重债务，在 5 年甚至 10 年之后会减轻许多。所以每个人都有借贷的倾向。

应对这一变化，不仅行为上要有所改变，思想意识上的变化也必不可少，而这正是最难改变的一点。所以，在所有人对目前的生活方式感到厌倦之前，如果他们不能承受由此带来的严重后果，就不要指望会有彻底的变革。

货币给人类带来自由与平等

货币可以带来自由与平等。更确切地说，货币是一个以自由平等为基础的社会秩序的组成部分，并且在竞争的生产模式下增进了自由与平等。它总会经受有用性的测验：它是否对不同公民、社会团体等真正有用？只要它有用，就会被继续使用。我们不能为了一小部分人的利益而滥用货币，有了竞争，稍有滥用现象便可立即更换货币，从而规范各货币生产者的行为，保证良币的流通。问题在于，当今没有货币竞争，由中央统一发行货币。国家用劣币筹资，但劣币有害无益，对经济贸易毫无益处。于是自由丧失，随后平等也丧失。平等消失了，只有一部分精心挑选的特权群体能从中受益。在西方，受益的是金融市场和银行，而民众的利益则受损，平等和自由也就消失了。

所有现代的专制政府都以纸币为支撑，这一点不应忘记。

货币政策本身蕴藏着通胀的风险

各国央行从 2007 年开始实行扩张性货币政策，目的不在刺激经济，而是稳定经济。

但时至今日，我们所面临的经济问题不但没有缓解，反而更加恶化。在一个以借贷为主的经济体系中，各市场参与者紧密联系在一起。一个家庭的贷款即是一家银行的资产，银行本身就是靠贷款筹资。如果这个家庭破产了，无力偿还债务，那么银行的一部分资产就消失了，偿还自身债务的能力也就降低了。如果只是一个小家庭，一般不会有什么问题。如果是一个大的市场参与者破产，就会通过经济活动以滚雪球的方式使破产现象加剧。根本问题在于，增加贷款虽然有时也能起到些许作用，但终是无济于事，因为一家企业、一个家庭无力偿还债务的原因在于其资产价值低于负债价值。

如果一个经济体系受到无清偿力的危机影响——这正是 2008 年浮现的问题，今日又卷土重来——我们是不能通过增加债务来解决问题的。

所以必须二者选一或是同时采用。向处于困境的企业或家庭提供专门的资金援助——这是西方央行自己无法做到的，央行便不得不与政府联手，即借款给政府，由政府购买困难企业尤其是银行的股份。从另一方面说，这也是央行力所能及的事，借此可以逐渐稳定市场。换句话说，央行通过购买股份，特别是政府股票和债券来干预市场，以此避免汇率急剧下跌。这项政策几年前便开始实施，并在 2011 年 8~9 月得到强化。政策本身肯定存在着造成通货膨胀的风险，因为经济中流通的货币越多，物价压力就越大。但目前尚未引起注意，因为有另一种现象同时出现：家庭和企业感到恐慌，开始存钱，花销不如从前多。

目前这两个效应呈相互抵消之势。货币总量的增多被储蓄的增长所抵消，家庭和企业的消费减少。目前通货膨胀还不是很严重，但趋势明显远远高于几年前。一旦出现最好的情况，即形势正常化，通货膨胀率恐怕会极高。

欧债危机的两个可能的结局

欧元区成员国要应对欧债危机，从技术层面上看，解决方法有两种。第一种解决方案是欧洲各国政府团结起来，设立一个类似于IMF的融资基金。欧洲设想过建立这种机构，名为欧洲稳定机制（ESM，European Stability Mechanism），计划在2013年成立。目前欧洲已有另一个机构，称为欧洲金融稳定基金。其运作模式与IMF类似，即以较低的利率向处于困境的国家提供贷款。这个机构的问题在于资金不够。它的资金只够援助像希腊、葡萄牙这样的小国。但对于西班牙、意大利这样稍大的国家，它就无法同时兼顾了。它需要更多的资金。

这就提出了一个政治性的问题：资金从何处来？资金只能来自如法国、德国这样相对富裕且无财政之忧的国家。但对于这样的国家，出资援助往往会引发自身的财政困难，尤其还会引起政治抵触情绪。这正是目前德国所面临的处境，德国民众几乎一致反对向从前经营不善的国家提供救助款。

第二种解决方案是使这些国家的债务货币化，即欧洲央行应购买西班牙、意大利以及葡萄牙、希腊等国的国债。这在技术上可行，但很难与欧洲央行稳定物价的目标取得一致。

如果这两种解决方案能混合使用，欧洲通货膨胀将会得到控制，政治权力也极可能得到强化。但也可能是各国政府未达成一致，欧元区内部（即在央行推行欧洲货币政策时）因分歧而引发欧元区解体。这种风险是存在的。

欧洲目前正经历着欧元体系最严重的一次危机。不能排除欧元在明年不再存在的可能性，或不再以现有形式存在的可能性，因为有些国家可能会退出欧元区。

更可能的是，欧洲各国政治领导人会团结一致维护欧盟以及欧元，甚至会强化相关机构的权力。

15「量化

宽松货币政策
和凯恩斯理论」

热拉尔·科尼约
(Gérard Cornilleau)
法国经济形势研究所（OFCE）
研究部副部长

关于通货膨胀的两种相互矛盾的理论

　　应对通货膨胀的办法需要视原因而定，并没有放之四海而皆准的规则。若是由政治动荡导致货币失衡而引发的通货膨胀，首要任务就是恢复正常的政治秩序。

　　然而情况并非总是如此。例如，经历了1914~1918年第一次世界大战的德国在战后需要负担巨额战争赔款，财政压力极其沉重，德国不得不另寻他法，以经济失衡为代价大量发行货币支付赔款，最终导致通货膨胀。这种情况就不是出于政治原因。当然，当时战胜国向德国索取天价赔款从而导致其经济失衡，从这种意义上讲也有政治因素在内，但经济失衡仍是主要原因。

　　如果处于一个通货膨胀快速且呈螺旋式上升的时期，如物价每周翻一番（虽然罕见，但却有可能），形势就会变得极其严峻。民众急欲将口袋中的钱花掉，因为物价翻一番意味着手中的钱贬值一半，所以要尽快将其转化为实物资产。解决这类通货膨胀的措施就是换用全新的货币，在一个尽可能短的时间内抑制物价与收入。例如，为了走出困境，可以像以色列一样取消本国货币而代之以美元。这是应急之策，正如救火是当务之急。之后的长期政策就应是恢复经济，避免货币发行失控，然后寻求收入与赢利稳步增长的平衡。

最常见的通货膨胀是轻微通货膨胀，如果每年的通货膨胀率达到10%，通常被视为较严重的通货膨胀，但并非之前提到的恶性通货膨胀。

关于通货膨胀，有两个基础性理论相互冲突。根据货币发行量导致通货膨胀理论，在货币发行量与物价之间有一个数学方程式。由此得出的结论是，只要调整货币供应量，即通货紧缩时增加发行量，通货膨胀时减少发行量，就可降低物价。但事实上，这种关联并不是必然的，即货币量的变动与物价变动两者之间并不会自动关联。

另一种与之对立的理论是通过实体经济来解释通货膨胀现象的。经济增长迅速时需求扩大，购买者增多，出现供不应求的情景，于是物价上涨。同时，劳动力市场上劳动力匮乏，企业难以招到熟练的技术工人，工资也就出现了上浮的趋势。物价与工资呈现螺旋式攀升的态势，这完全属于实体经济活动范畴，而非货币问题所致。

但这两种理论并非完全不能兼容。我们可以看到，发行货币若是为了刺激经济，至少是为了增加公共财政支出，那么在实体经济中同样会导致供求紧张，这种机制同样可以解释为货币发行过多会造成通货膨胀。所以，实体经济活动造成通货膨胀是一种更有说服力的解释。

相应的对策便是，一旦出现通货膨胀可以采取抑制经济过热的措施，同时货币政策可以作为有效的调控杠杆，通过调整利率减缓投资需求。

目前各国政府刺激经济的措施主要源于凯恩斯理论

凯恩斯理论中最重要的地方在于，要实现经济稳步均衡增长，同时做到既无高通货膨胀又无过多失业风险是十分困难的。应当找到平衡经济发展的方案，以避免大面积失业。迄今为止，人们一直在谈论通货膨胀，但在经济活动中会出现一些比通货膨胀更严重的失衡现象，例如失业。今日欧洲的确备受失业问题困扰。很多人想工作而没有工作，收入很低。由于有一些过渡性措施和良好的社会保障，尚未出现普遍的民不聊生的状况，但这种社会现状的确令人担忧。

凯恩斯理论认为，有时若要在高失业率和轻微通货膨胀之间作番权衡，那么选择轻微通货膨胀并不是个坏主意。此外，通货膨胀可能有利于解决一些问题。近期以来，一些受凯恩斯理论启发的经济学家建议稍微提高通货膨胀率，以便清偿 2008~2009 年次贷危机累积的债务。这很明显是凯恩斯学派的主张。虽然并未言明要制造轻微通货膨胀，也不明确会如何实施，但凯恩斯理论可以提供天然的财政调控杠杆。当然也包括货币政策，比如大幅降低利率——这正是全世界央行目前所采取的措施，尤其是美国等遭受经济危机较重的西方国家。

降低利率、增加财政赤字的政策长期下去会带来问题，但它能支撑经济发展，支撑轻微通货膨胀，能够解决失业问题。

美国经济大萧条时期，凯恩斯曾向罗斯福总统建议增加公共赤字以刺激经济。那是一个经济停滞的典型萧条时期。工厂有生产能力却停产；有工人却无任何生产活动，因为人们没有财力购买产品。在这种形势下，让国家承担起推动经济的角色不失为良策。国家本身即使没有收入，仅靠赤字也能够制造需求。

这往往是刺激经济的良方。虽然并不总是很容易做到，但一般而言，在出现与美国经济大萧条同样深重的经济危机之时，这是个解决办法。

2008~2009 年的情况与大萧条时期相似，实施的也是相同的对策，但比 20 世纪 30 年代美国经济危机时更加迅速地付诸实践。大萧条时期美国的失业率要远远高于现在，超过了 20%，失业问题极其严重。今日失业率虽不断上升，但一直低于 10%。今天的情况之所以没有当时严重，大概是因为更早地通过增加财政赤字来刺激经济。

现在美国总统应颁布新的刺激计划，增加公共支出或是降低税收，目的都是重新分配购买力，使人们拥有财富，使经济活动重新运转起来。所以还应有更多的经济刺激，譬如 3 000 亿美元的公共支出。这也许会带来一些财政问题，但显然是件好事。

从欧盟到欧洲合众国仍有漫长的路要走

1914~1945 年，欧洲经历了各种悲剧性事件，昂贵的战争给欧洲各国造成了巨大损耗，包括地理位置相对安全的英国。

在这之后，很多像让·莫内这样的人都认为应当结束欧洲战事不断的局面，寻求途径重建欧洲和平。在这一点上，温斯顿·丘吉尔扮演了重要角色。他提议欧洲实现某种联合。当然在他的建议中并不包括英国，他指的是在其他欧洲国家间建立合众国，但丘吉尔仍是提议创建欧洲联盟的第一人。

让·莫内其实并非政治家，而是一个行政管理者、一个高官。他后来被人广为认同的思想是，不能随便创建一个欧洲合众国，这太过复杂。比如，组成一个同时管理法国人和德国人的政府是有些难以想象的。相反，需要循序渐进地开展一体化进程。经济最容易形成联合体，而文化之类则很难合并。欧洲的一大特点就是有多种不同的语言，由于语言的多样性，很难组合成单一的文化。考虑到之前多年的历史，欧洲在政治层面上显然也很难一体化。但经济上还是大有可为的，可以以共赢为目标实现某些资源的共享。

经济一体化的战略目标是在欧洲实现和平，第一步便是建立欧洲煤钢共同体。因为煤炭与钢铁是战争的主要原料：煤炭供应能源，钢铁用于制造大炮和炮弹。若能共同管理煤钢，对经济自然有利，而且可以杜绝各国重新加强军备超过他国的可能性。这是让·莫内的主要思想，它为之后的进程奠定了初步基础。

罗伯特·舒曼也是一个政治家。他将这一思想推向了政治层面，促成了《罗马条约》的签订。首先是建立煤钢联营，随后便是创立共同市场。总的来说，这个共同市场限于德国、意大利、法国、荷兰、比利时、卢森堡六国之间。罗伯特·舒曼在著名的《罗马条约》的起草和促使六国政府采纳此条约的过程中扮演了重要的政治角色。

《威斯特伐利亚条约》的内容与《罗马条约》恰恰相反。《威斯特伐利亚条约》根本不是关于欧洲联合的条约，而是各国之间分割利益的条约。战争并未因此停止，反而愈演愈烈，导致法国爆发大革命，继而拿破仑发动战争，总之战事不断。所以，欧洲真正的联合始于《罗马条约》。在经历了自我毁灭式的战争之后，欧洲人开始反思，希望结束这一切，建立一个和平的欧洲。《罗马条约》的签订才是真正具有划时代意义的历史坐标。

从《罗马条约》开始，欧洲开始了一体化的进程。首先是扩大共同体。将英国纳入共同体，随后又吸纳了斯堪的纳维亚半岛的北欧国家，以及西班牙、希腊、葡萄牙等南欧国家。在那段时间，共同体不断吸纳成员国，但没有实质性的变化。

真正想到创建统一货币是在签订《马斯特里赫特条约》时。根据让·莫内的理论，一体化应逐步进入技术性领域，而不能有太多政治色彩。货币恰好是一个可以实现互利共赢的领域，而无须走到政治合并的程度。所以目前欧洲不是一个联邦政体，而是一个泛泛的邦联式同盟体，在政治上尚未实现一体化。

那些认为欧洲一体化进程过慢的观点是错误的，因为拥有统一货币就是一次彻底的变革。很难再说这只是技术性问题，它已经不仅仅停留在技术层面了。从货币统一的那一刻开始，各国实际上就再无单打独斗解决经济问题的必要了。例如，管理法国经济不能脱离德国经济。不仅因为法德贸易关系密切，而且由于两国共用一种货币，汇率便不可随意浮动，汇率不浮动，其经济便完全与他国唇齿相依。

我们可以用消极的目光看待事物，认为欧盟已走到尽头，也可以相信它无论如何都会坚持下去，不断创立更多新的机构以加强政治事务的协调一致。

欧洲正处于新的十字路口：究竟是继续强化合作，创建"欧洲合众国"，还是维持目前的状态？无人能给出答案。

16

「从德国
的视角看欧元
区的前景」

卡尔–路德维希·赫尔
特弗雷里希
(Carl–ludwig Holtfrerich)
德国柏林自由大学教授

是谁给了魏玛共和国致命一击？

在德国的通货膨胀恶化之前，初期的通货膨胀在德国还是有相当积极的影响的。首先，当其他国家，特别是美国、英国于 1920~1921 年经受第一次经济危机，意大利和法国经受通货膨胀时，这一大萧条并没有殃及德国。"一战"结束后的一段时间内，德国的失业率升高了，因为士兵复员了。但是到 1919 年这个数据又很快降到了 3%~4%，并在 1920~1921 年达到了"超就业"。

而在其他国家，大萧条造成了大失业，美国的失业率达到 16%，英国的状况也相似。这是通货膨胀对德国的积极影响。其次，它还使德国的收入分配更均衡了。所有在"一战"前靠资本生活的富人，由于货币不断贬值，而不断失去财富。而许多普通民众在"一战"中承担了国债，这时他们则减轻了债务。因此，收入分配越来越均衡。这也可以说是通货膨胀的一种积极影响。

然而，那些过去的高收入者或资产拥有者抓住了这一点向魏玛共和国施压，他们要魏玛共和国和它的政策对他们的财富缩水负责。

因此魏玛共和国的统治变得不稳定。除去极右政党，魏玛共和国还有太多的反对者。对魏玛共和国的致命一击并不是通货膨胀，而是大萧条。这可以从纳粹党的得票率看出来。在1924~1928年的选举中，他们只是小党，得票率仅为4%~5%。但是在1930年的选举中，也就是在大萧条出现之后，他们的得票率一下子到了15%，在国民议会中占到了107个席位；在1932年的选举中，当时大萧条更严重，他们的最高得票率为37%。

所以，是当时的经济危机使希特勒获得了统治权。

金本位制在德国仅有6年的短暂历史

金本位制从19世纪末以后存在于全世界范围内。美国在1873年过渡到金本位制，中欧在1900年左右加入金本位制，德国在第一帝国成立之后加入金本位制。

金本位制于1875年通过《帝国银行法》的颁布而具有了法律效力。当时实行的是固定汇率，金本位制的意义在于可以比较确定地计算汇率，而且人们愿意的话，金币可以成为所有愿意接受此货币的国家和地区的统一货币。在此时期没有像20世纪的资本往来的限制，人们可以把钱自由地投入南美、美国、非洲的殖民地，或者东亚等地。

这些在两次世界大战期间和布雷顿森林体系中是不可能的，因为那时的资本往来自由已经受到了限制。

当一个国家处于战争困境中，它就不能出口，因为其他国家的关税壁垒很高。同时它又需要资金来进口，但却不能很好地引进资本，因为资本往来自由也受到限制。

资本在这种情况之下是流出的，而非流入。因此就会阻碍市场效率，同时也阻碍经济活动的发展。

1924 年大萧条之后，金币又在德国被重新投入使用，但在 1931 年终止。金本位在德国只存在了 6 年。

欧元不会因欧债危机而失去未来

如果没有 2007 年开始的金融危机和 2008 年、2009 年全球经济的大危机，也不会有现在的欧债危机。希腊在金融危机之前发展得不错，它的增长率大约为 4%，甚至比德国的还高。尽管没有运行良好的税务体系等，导致国家财政赤字高企，但是整个经济运行得还是不错。2008 年经济危机期间，世界各国的国民生产总值几乎都在下降，欧洲和美国都在下降，也包括希腊。

希腊的出口，比如农业以及旅游业，都呈下降趋势。同时，失业率不断上升。国家财政陷入严重赤字。然而，这些都不会从根本上危及欧元。有可能一些国家会遭到廉价拍卖，也许不仅仅是希腊，但是这些都不会危及欧元。

欧元是统一的货币，在欧洲各地是等值的。统一货币有一个被经济界证实的优点，那就是可以避开金融交易的费用。一位旅行者在欧洲旅游时，很快就可以发现这点。这是欧元一个很大的优点。另外，欧元在长期可计算性这点上就像金本位制一样。

1992 年签订《马斯特里赫特条约》时各成员国很清楚的一点是，欧元只能通过不同的阶段来实现。欧元区国家在经济发展程度上参差不齐，通货膨胀率不同，国家债务量不同，利息高低差别很大。希腊和葡萄牙的利息甚至是德国的好几倍。对此，《马斯特里赫特条约》中规定了相互趋近的规则。

总体来看，大家都相互靠近，要在价格、利息、债务的变化范围中找到自己的位置，这样才能进入第二阶段。真正发行欧元是在 1999 年 1 月 1 日，当时各国的货币依然在流通，但是欧洲央行开始着手印制欧元。

从这个日子一直到欧元正式流通的 3 年间，欧洲一直在为欧元的流通进行准备，思考用哪些象征性的标志。欧元这个概念已经确定下来，但是这期间还要考虑纸币的印制等，他们不想对民众进行突然袭击，而是要有整体的发行计划。这期间各国的利率也日益接近，希腊、葡萄牙、爱尔兰的利率大幅下降，靠近德国、法国的水平。

欧元的未来是积极和乐观的，欧元终会渡过危机。欧洲的政治家不希望看到欧洲融合出现倒退，更希望看到的是向前的发展和进一步的融合，尽管民众持不同的观点。

不过有些时候需要政治家确定发展方向。欧洲实现一体化是个很好的目标，这样才能使欧洲成为美国之外的另一股力量。为实现欧洲一体化思想，所有政治家都在不断努力，付诸实践。

17

「面对

经济低迷和老龄
化，日本该
何去何从？」

行天丰雄
(Toyoo Gyohten)
日本财政部前副部长

日本的金融自由化之路

20世纪70年代，日本经济以较快的速度发展。在世界经济中，日本所起的作用也越来越大。但日本在金融开放方面和自由化方面相对落后。在日本国内，"必须采取措施来改变现状"的呼声变得很高。当然也不乏反对自由化的势力，因为有很多人在原有的体制下获得了利益。

金融自由化给日本带来了很多影响。一方面，竞争变得更加激烈，从顾客的角度来看，能得到比以前更好的服务。同时，金融本身在经济中发挥的作用越来越大，如生产、投资、消费、贸易等，金融渐渐成为经济领域的主角。

另一方面，日本的金融自由化带来的最大变化是，在此之前日本企业筹措资金绝大部分都是从银行融资，但随着金融自由化的发展，资本市场得到发展，企业能够自由地发行公司债券、股票，以此来筹措资金。同时，通过国外的金融机构、资本市场来筹措资金的方法也成为可能。所以站在企业的角度看，融资的途径和可能性被极大地扩展了。

从日银改制看中央银行独立的重要性

在日银改制之前，日本的中央银行可以被视为政府机关的一部分。比如对日本银行总裁的任命，日本银行的金融政策、利息政策的制定等，政府都可以干预。

当然政府和中央银行的密切合作也很重要。不过，在日本这样的议会民主制国家，议员的权力很大。而议员是通过得到自己选区选民的投票才成为议员的，所以他们不能忽视这些选民的需求。一般来说，如果出现国际收支赤字，就不得不紧缩；如果通货膨胀严重，就不得不加息。但如果利息上涨，会给从银行贷款的人带来麻烦，所以站在这些人的立场来看，还是不要加息为好。因此，比起从国家整体来考虑经济状况，议员们更会从选民的利益角度来考虑，既不加息，也不紧缩。结果就是，通货膨胀加剧，经济崩溃也是有可能的。

所以，为了遏制通货膨胀，就要把制定金融政策，特别是利息政策的权力从政府独立出来。这是全世界共通的想法，日本也是从零开始。1997 年日银开放改制，成为制定金融政策的主导，并完全从政府独立出来。这在日本的经济史、金融史上，都是特别重要而且极具意义的变化。

日本"窗口指导"政策的开始与结束

"二战"后的日本企业筹措资金的途径有限，中央银行的"窗口指导"政策起到了很大的作用。

随着金融自由化的进程，所谓的"窗口指导"政策迅速地失去了效用。最大的原因是，企业获取资金的途径变多了，从银行贷款融资变成了较少见的做法。"窗口指导"政策只是由中央银行控制商业银行贷款的数额，所以这对企业筹措资金并没有什么影响。

与其说失去了作用，不如说"窗口指导"政策本身就有问题。只要实行"窗口指导"政策，银行与银行之间的贷款份额就是不变的，银行与银行之间也是不存在竞争的。另外，银行被要求只能贷出一定数额的资金，所以银行就会把钱优先贷给很早就成立的有历史的企业。

相应地，这就削减了给中小企业的贷款。整个社会的资金分配变得很不均衡。在这些因素的影响下，日本在1991年废止了"窗口指导"政策。从某种程度上说，这也是自然发展趋势。

《广场协议》对日本产业和国民的影响

直到《广场协议》签订的前一年（1984年），美元一直保持较强势的地位。

因为美国的里根总统推行"供应学派经济学"，通过减税来促进经济发展。美国经济也确实达到了很好的状态。美国跟其他国家，比如日本、德国等相比，利息高出很多。美国经济很景气，市场预期美元的利息会更高，所以大家都买进美元，美元越来越强势，但这使美国的国际收支赤字增加了。经济景气，进口就会增加，加上美元强势，进口也变得便宜，贸易逆差越来越大。美国觉得这样下去情况不妙，想采取措施来改变这一状况。

日本等国家是怎样的情况呢？与美国正好相反，这些国家出现贸易顺差，日本也想采取措施来削减一些黑字。如果一直保持黑字，美国肯定就会采取保护主义，禁止从日本的进口，日本的出口企业就会遇到麻烦。

美国为了减少赤字，表示要将美元贬值。日本也认为应该如此，同意了美国的决定。《广场协议》的结果是，美元便宜了，日元变贵了。

20 世纪 80 年代，日本汇率上升，出口业者很担心。政治家们听到这些呼声，意识到一旦出口困难，失业率就会上升，日本经济整体就会很困难。阻止日元升值，是政治界与产业界一致的目标。于是日本银行持续降低利息，降到了当时的低点 2.8%。结果，1987 年之后，日本经济相当景气，甚至有了泡沫经济的迹象。也有人认为，这样下去的话，会变成泡沫经济，到了该缩紧的时候了。但是已经太晚了，20 世纪 80 年代后期开始，日本的房地产、土地、股票产生了相当大的泡沫。出口产业由于日元升值，在核算业绩的时候，情况非常不好。

进口原材料的价格变低，对于一般的公司来说是很好的事。人们去国外旅游，买进口商品，因为日元升值而变得便宜。从这方面来讲，由于日元升值，国民的生活水平得到了提高。

人民币的升值和自由化都应遵循市场规律

即使人民币升值也不能减少美国的赤字。美国赤字产生的最大原因是，消费特别是家庭消费很大，并且消费商品的生产企业不在美国，如汽车、电器等。虽然国内有需求，但是没有生产制造的厂商，只好进口了。所以，即使美元贬值，也就是说人民币相对于美元升值，美国从中国的进口额也不会立即降下来。

货币汇率，要尽量反映实际经济状况，定在最合适的价位。不然，贸易市场会变得很不平衡，有些国家黑字增长，有些国家赤字增加。黑字国家为了防止货币升值，不得不卖出自己国家的货币，买进对方国家的货币。结果就是外汇储备增多。

对于中国来说，黑字持续上升也许不是件好事。这意味着外汇储备的上升，担负的风险越来越大。最终将由中国的国民来承担这个风险。

从这个意义上说，外汇储备过多并不好。如果介入，卖出人民币，人民币的供给就上升了。置之不理的话，又会出现通货膨胀。为了阻止通货膨胀，政府、中国人民银行则要发行债券，买回人民币。

不管怎么样，资金流向都会变得不自然，这是无法避免的。所以任何事尽量要根据市场规律来运作。

日本经济走出当前困境的处方

　　目前日本的财政状况很差，可以说已经到了危机的程度。相应地，日本必须采取一定的措施来改变这样的状况。改善的方法简单地说就是，减少财政支出，增加财政收入。但财政问题想在短时间内解决是很难的，比如在一年内将日本的财政赤字减少一半，是不可能实现的。所以，肯定要花一定的时间。但重要的是，要让外面的人看到这个国家的政府和国民为了改善财政问题认真付诸努力的态度。

　　日本现在最大的问题是社会保障和税收问题。日本的社会保障很丰富，健康保险、养老金、看护保险，不管哪种保障，都会给国民分发充裕的资金。但日本的情况是，人口老龄化，社会保障的负担越来越重。必须采取措施来抑制，防止负担越来越重。这样就会减少社会保障，很多国民当然会反对。考虑到国家财政的将来，还是必须减少一些社会保障，这是其一。另外，税收的问题也需要调整。在世界主要国家中，日本的税收负担水平相对比较低。所以，有人提议将税率再提高一点，整体提高到40%左右。对此，现在日本国内的争论很多。

　　当前，国民大体能同意的是消费税，现在是5%，目标是提到10%。每提高1%就能增加2.5兆亿日元的税收。所以，如果从现在的5%提高到10%，整体就能增加12.5兆亿日元的税收。但是税收的问题，不是单靠消费税的增加就能解决的。另一方面，如果经济整体不能上升，就不能增加税收。为了经济增长，必须采取措施。比如，降低法人税和所得税，大家更加均衡地负担。为了改善财政问题，必须解决税收改制、社会保障改制的问题。

18

「货币

对于国家远比股票
之于企业更重要」

伊藤元重
(Motoshige Ltoh)
日本东京大学经济学教授

《广场协议》对日本产生的积极影响和消极影响

　　签订《广场协议》后，日元升值。日元升值的影响既有好的方面也有坏的方面。一方面，日本企业开始积极地开展海外业务。另一方面，在日本国内，因为日元升值而使进口商品的价格下降，可以从海外大量进口商品。

　　由此带来流通的构造发生很大改变。当时，日本产生了所谓"内外价格差"问题，也就是说，日本国内的物价非常高，而海外商品的价格却相对便宜。日元汇率高，这成为改变国内形势的动力。然而，日元升值不仅仅带来好的影响。《广场协议》之后，日本政府为应对日元升值反应过度了。金融过于宽松为泡沫经济制造了契机，20 世纪 90 年代泡沫经济破灭。当然，不能说泡沫经济破灭仅仅是因为《广场协议》带来的日元升值，它跟日本经济的各个方面都相关，所以是一个很复杂的问题。不过，在《广场协议》签订以后，泡沫经济加速也是不争的事实。

　　说到《广场协议》，与其说是使日元升值，不如说是美国想要提高日元及所有欧洲货币的汇率，更进一步来说，降低过高的美元价格，是美国的真正目的。里根 1980 年成为美国总统，前一年沃克尔就任中央银行行长。

当时美国的贸易赤字不断扩大，日本、欧洲则实现了贸易盈余，大家都认为这种状况持续下去不会有好的结果，因此主要的 5 个国家聚在一起，经过讨论达成了《广场协议》。从这个意义来说，《广场协议》是为了矫正不正常的美元升值，从反面来看是为了提高日元和欧元的价格。

20 世纪 80 年代初，日本和美国之间发生了贸易战，日本的汽车出口遭到美国的强烈限制，本田汽车勉强可以出口，却因为贸易摩擦不得不控制出口。因为日元升值，日本企业感觉到不妙，必须开始应对了，于是开始认真地考虑在日本国土之外设立工厂，特别是走向东南亚，马来西亚、泰国、新加坡，以及中国。所以，那个时期日元升值对实现汽车、家电等行业的国际化是一个很大的刺激。

浮动汇率制度和固定汇率制度，该如何选择？

采用浮动汇率制度还是固定汇率制度，这个问题因时代而变。20 世纪五六十年代时，日本实行的是固定汇率制度。主要的一个理由是，日本是个国土狭小的国度，那时候没有跨国投资，只要美国的经济稳定，日本采用固定汇率，那么进出口都可以顺利进行。

但是到了 1973 年，日本改为实行浮动汇率制度。不仅仅是日本，欧洲也都有了改变。原因是当时发生了石油危机，石油价格涨了 10 倍，面对世界经济发生如此大的变化，固定汇率制度无法适应。所以，从一国的制度来看，只有浮动汇率制度这一个选项。国际间可以建立起一种机制，让汇率不会出现过分的变动，维持在一种比较稳定的水平。

19

「**老龄化**
会让日本的赤字
国债进一步增加」

富田俊基
(Tomita Toshiki)
《国债的历史》作者

国债融合了一个国家的过去、现在和未来

国债是国家向国民借来的钱。它是基于经济形势，利用政治权力，根据课税多少，每年定期发行的债券。若干年的国债积攒下来的数额就是国债余额，国债余额需要按一定的利率连本带息还给国民。这个利率是基于国民对于国家的经济走势、政治变化的预期而定的。所以，国债余额反映了一个国家的过去。而如今的财政政策，对于要实行扩张政策还是紧缩政策的选择，以及人们对于未来利率的推测，都说明国债融合了一个国家的过去、现在和将来。日本最早的国债发行于 1870 年，即明治三年，是在伦敦发行的。当时发行国债的目的是为了建造中山道铁路，这条铁路现在叫作中央线，是从东京到名古屋的一段铁路。在伦敦的日本国债利率高达 9%，而日本国债发行月的英国国债利率是3.5%，与之相比，日本国债利率已经相当高了。同年发行国债的还有埃及、土耳其等，这些国家的利率都很高，当时利率最高的是南美的洪都拉斯。日本当时的国债利率接近这个国家的国债利率。

所谓债务，是一定要如约偿还的。那时候日本刚刚步入现代国家的行列，在国际社会上还没有太高的信誉度。为了表达日本偿还国债的诚意，就需要有抵押品作保证，日本将全部的关税收入和中山道铁路的赢利作为抵押。后来日本如约偿还了全部国债，所以，发行国债取得了理想的效果。

1947 年，日本的国会通过了《财政法》。《财政法》中将禁止发行赤字国债视为原则之一。当时"二战"已经结束了。为了满足战争所需，日本政府发行了大量国债。这些国债不是面向海外的，而是让日本国民自己来购买。1932 年日本是不能向海外进行投资的。有法律明令禁止日本的资金流向海外，即《资本逃避防止法》。这套法律旨在防止资本外逃，所以日本国内的金钱也只能购买日本国内的东西。在这种背景下，日本发行了大量的国债并且被本国国民购买。然后，这其中的一部分金钱就被用于战争。可是在战争的进行过程中，又出现了通货膨胀。

正是基于对这种情况的反省，战争结束后的 1947 年，日本《财政法》第四条在原则上禁止赤字国债的发行，当然，现在还是在原则上禁止发行赤字国债。但是《财政法》中也有条款写到，与公共事业相关的建筑行业是可以发行国债的。所以，原则上是禁止国债发行，但是对于公共事业，又比较消极地认定其可以发行国债。所谓赤字国债就是非公共事业范畴内的国债，是被禁止发行的国债。

"二战"后，日本于 1966 年第一次发行国债。由于经济不景气、税收下降，日本政府以赤字国债的形式于 1966 年 1~3 月发行国债。当年的 4 月份开始用建筑国债这一形式发行国债。这一部分国债主要用于建设社会基础设施，比如铁路、桥、下水道、公园、社会治安所用设施、治山治水行业设施、为防止洪水泛滥而设的堤坝等。正是为了建设这些防灾、交通等与生活密切相关的基础设施，1966 年至今，日本一直在发行建筑国债。

迄今为止，不管什么情况下，日本政府一直都如数偿还了国债。就连明治时期发行的国债，在日本战败后，也在纽约按照《外债处理协定》全部偿还了。虽然现在日本政府发行了很多国债，但是一直都按当初的约定，对于何时偿还多少利息、何时期满、期满如数偿还等条目严格守约。

还有很重要的一个问题就是，国债虽然都是用于与人们生活息息相关的方面，但是国债的数量确实在不断增长。即使在经济不景气的时候，公共事业方面也在不断地发展。特别是 20 世纪 90 年代，日本经济泡沫破灭，从此长期不景气。为了刺激经济发展，当时就不断地增加公共事业方面的投入。这种大规模的公共事业建设一直持续到 1998 年左右。但当时有一个问题没有被考虑到，就是这些公共事业的效用如何。20 世纪 80 年代前半期虽然有不错的效用，但是这种效用在不断地降低。比如，建造起来的铁路根本没人使用，还有下水道，虽然这对人们的生活很重要，但是除却大量的建筑费用，修理费用也是极大的开支。所以，这些建筑的效果并不明显。

虽然不断地投资进行公共事业建设，可是经济没有改善。经济没有改善，就不会有税收，也就没有钱偿还国债。这种情况下，如果不增税，政府就无力偿还国债。基于这种情况，进入 21 世纪以后，日本的公共事业不断呈现衰退的态势。日本的公共事业于 1998 年时最为鼎盛，补充预算有 15 亿日元，现在已经降为当时的 1/3，仅剩 5 亿日元。

国债的利率要自由化和市场化

日本于 20 世纪 60 年代初制定了社会保障制度，其中包括退休金、医疗等各个方面。由此日本全体国民都能够领到退休金，缴纳医疗保险后能够领到医疗款项。这个项目于 1961 年作为制度被正式确定了下来。当时日本年轻人居多，不需要为社会保障制度投入太多的税收。但随着社会日趋老龄化，进入 20 世纪 90 年代后，政府就开始为社会保障投入巨额的税收。所以，日本财政指数的不断增加是日本潜在问题的集中表现。这种变化今后还会持续。

虽然日本当时制定了非常出色的社会保障制度，可是对于社会保障的金钱来源并没有作出明确指示。这种状态也一直持续到了今天。所以，日本财政赤字之所以很突出，一方面是因为公共事业投入很多，另一方面是由于经济不景气发行了大量的国债。而如今财政赤字的大部分却是由于这种制度的结构造成的，也就是即使经济形势有所好转，财政赤字也不会减少的结构。所以，可以说财政赤字主要来源于赤字国债。

日本中央银行每个月定期购买国债，这是为了维护金融政策。日本的国债在国际上发行并被购买，国债的交易量达到 100 万亿日元。就算是中央银行，也不能左右国债的利率。"二战"前日本中央政府购买国债，然后降低其利率。这是基于前面提过的《资本逃避防止法》，按照其资本不能外流的规定，政府和中央银行基于国家利益共同协作的一种结果。

而现在资本流通自由化，国债也随之在国际范围内发行。所以中央银行，无论如何配合政府工作，有多想降低利率，也都是不可能实现的。反之，中央银行购买很多国债之后，物价就会上涨，国债利率也随之上涨。所以，中央银行虽然能够协助政府，但是它不能违背资本自由流通时候的经济规律，而只能依据这种规律发挥作用。

国债发行的总数量，要在预算计算过程中展示其透明度。同时执政党需要不间断地向国民报告其关于未来财政状况的想法。对于投资家而言，为了改善财政状况，进行增税及限制财政支出的约定，是如约偿还国债的切实可信的担保。

日本现在有太多的国债，鉴于它的失败之处，有一些经验可以借鉴。就高速铁路而言，可以尝试让企业也参与其中。日本过去也是铁路国营，那时候因为有特殊的背景，铁路归属政府，现在已经彻底是民营企业了。民营企业将来不会将税务责任转移给国民，而是以自己的经营收入不断获益，来判断自己能否支付国债，所以企业和国家的功能区分很重要。

2012年度巨献

央视《货币》纪录片唯一官方授权同名出版物

中央电视台、中信证券、中信出版社重磅打造
阅读《货币》，看懂中国经济和世界经济的格局与变迁！

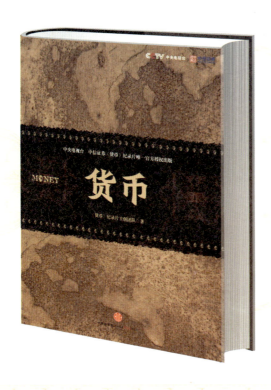

货币
MONEY

《货币》纪录片主创团队◎著
定价：59.00元
ISBN 978-7-5086-3460-9

中信出版社 CHINA CITIC PRESS

MONEY